Für alle Genießer und Entdecker dieser Welt.

Für dich.

NECTAR & PULSE®

Genieße den Nektar,
spüre den Puls.

Tanja & Christian Roos

Glücklich in der Toskana

Der Reiseführer für Genießer und Entdecker

Süddeutsche Zeitung Edition

Inhalt

1. Willkommen

Herzlich willkommen in der Toskana! Eine malerische Region Italiens, in der das schöne Leben mit köstlichem Wein, grandiosem Essen und viel Lebensfreude zelebriert wird. Die Toskana ist gleichzeitig die Wiege unserer neuzeitlichen Kultur, die in den großen Städten wie Florenz, Siena oder Arezzo mit der Renaissance ihren Anfang fand. Wir freuen uns, die schönsten Orte dieser vielfältigen Region in diesem Reiseführer mit euch zu teilen. Kommt mit auf eine glückliche Reise zu historischen Stätten und malerischen Landschaften, in idyllische Bauernhöfe und herrschaftliche Weingüter, auf lebendige Piazzas zum Aperitivo und Gipfel mit Panoramablick.

Hallo!
Schön, dass du da bist.

Wir lieben die Toskana für ihren Reichtum an Kultur in den historischen Städten ebenso wie für das genussvolle Leben in der malerischen Landschaft. Die bewegende Geschichte der Region führt von der Villanova-Kultur (um 1.000 v. Chr.) über die Hochkultur der Etrusker (ab 900 v. Chr.) und die Fremdbestimmung durch die Römer bis hin zur Renaissance (ab 13. Jahrhundert), die den Übergang vom Mittelalter in die Neuzeit einläutete. Dieser Wendepunkt bedeutete den Schritt von der Landwirtschaft hin zu Handel und Handwerk, Wissenschaft und Philosophie, Architektur und Kunst. Durch den selbstbestimmten Handel in den Städten wie Florenz, Lucca oder Arezzo und das Mäzenatentum der berühmten florentinischen Familie der Medici konnten sich berühmte Pioniere wie Dante, Michelangelo, Galileo oder Leonardo da Vinci entfalten und ganz Europa inspirieren.
Zu einer glücklichen Reise in die Toskana gehören aber selbstverständlich auch die romantischen, typisch toskanischen Landschaften mit weiten Ebenen, sanften Hügeln und goldenem Licht, herrschaftliche Weingüter, pittoreske Dörfer, Zypressenalleen, authentische Bauernhöfe und köstliche Restaurants. Die heutigen Weingüter und Agriturismos wirken auf neue Weise als Pioniere für Europa und die Welt, indem sie nachhaltig, nach biodynamischen Standards produzieren und gleichzeitig das schöne authentische Leben zelebrieren. Sie verbinden Tradition mit Moderne und anspruchsvollem Tourismus.
Auf keiner Reise kann man alles sehen. Daher fokussieren wir uns auf das Wesentliche und teilen mit euch die für uns schönsten Orte auf den folgenden Seiten. Zusätzlich befragen wir inspirierende Locals zu ihren Lieblingstipps und lassen sie zu Wort kommen. Wir nennen sie Local Soulmates. Daraus entsteht eine spannende Mischung aus originellen und authentischen Orten, wo man die Seele baumeln lassen, den Moment genießen und das Glück in jeder Zelle spüren kann.

In diesem Sinne wünschen wir eine erfüllte Zeit.
Genieße den NEKTAR. Spüre den PULS. Diesmal in der Toskana.

Herzlichst

Tanja & Christian

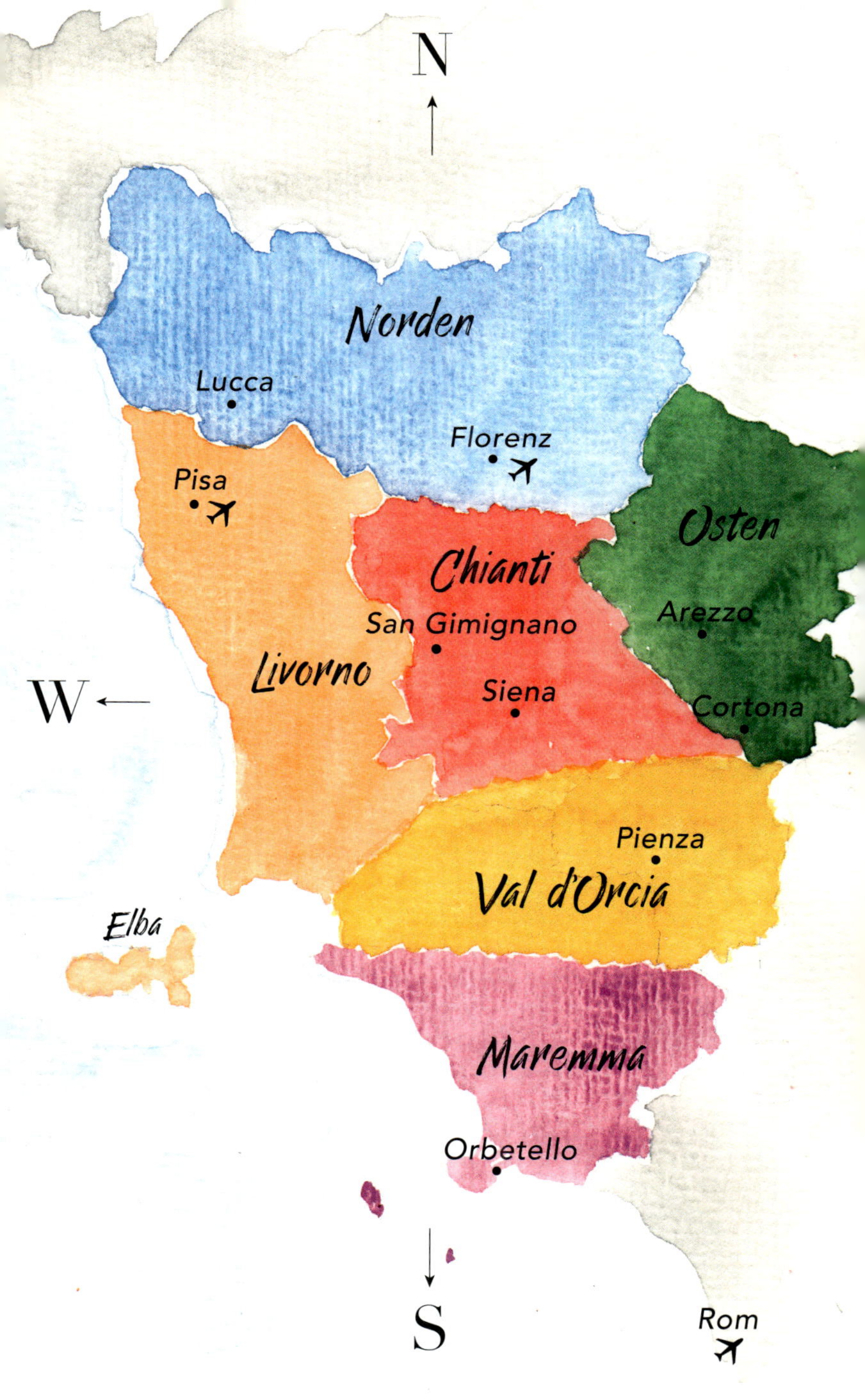
N
Norden
Lucca
Florenz
Pisa
Osten
Chianti
San Gimignano
Arezzo
W
Livorno
Siena
Cortona
Pienza
Val d'Orcia
Elba
Maremma
Orbetello
S
Rom

Toskana Regionen

Infos zum Guide:

> Über den QR-Code findest du eine große Karte, in der alle Tipps mit Adressen verzeichnet sind.

> Die einzelnen Kategorien sind farbig markiert, sodass du dich schnell orientieren kannst.

> Die Tipps sind nach Region und Lage geordnet, sodass du in der Nähe deines aktuellen Standortes suchen kannst.

Damit steht einer glücklichen Zeit in der Toskana nichts mehr im Wege.

Schönes Entdecken!

TOSKANA IN ZAHLEN

10

Regionen

ANZAHL EINWOHNER

3,7 MIO.

6 % der Italiener

Toskana: Ableitung von Etrurien – Land der Etrusker zwischen Arno und Tiber

Koordinaten Florenz:

N 43° 47'

O 11° 15'

„Die Toskana liegt nicht in Italien, sondern Italien liegt in der Toskana." – Goethe

Persönlichkeiten der Toskana:

1. Dante Alighieri: 1265–1321
2. Sandro Botticelli: 1445–1510
3. Amerigo Vespucci: 1451–1512
4. Leonardo da Vinci: 1452–1519
5. Niccolò Machiavelli: 1469–1527
6. Michelangelo: 1475–1564
7. Raffael: 1483–1520
8. Cosimo I. de Medici: 1519–1574
9. Galileo Galilei: 1564–1642

Größter Fluss:

Arno

max.

8.000

Uffizien-Besucher pro Tag

22.990 km²

(im Vergleich Bayern: 70.550 km²)

48,1

Millionen Übernachtungen in der Toskana 2019

zzzZ

Häufigste italienische Nachnamen:

Rossi, Russo, Ferrari

Baubeginn/ Eröffnung der größten Kathedralen:

Lucca: 1060

Pisa: 1100

San Gimignano: 1148

Siena: 1263

Arezzo: 1278–1511

Florenz: 1436

Buttero

= Cowboy in der Maremma

Geburtenrate 2019 in Italien / Deutschland:

1,27 / 1,54

TYPISCHE GERICHTE:

Panzanella

Bistecca alla Fiorentina

Pici

Ribollita

Buccellato

Supertoskaner & Chianti Classico

Aperitivo

Villanova-Kultur: eisenzeitliche Kultur ab

10. Jahrhundert v. Chr.

2.054 METER

Höchster Berg:

Monte Prado

(im Apennin)

EU-Länder mit höchstem Weinkonsum pro Kopf:

1) Portugal,

2) Frankreich,

3) Italien

Überblick Stilepochen 1000 bis 1800:

1000–1250	Romanik
1140–1530	Gotik
1400–1600	Renaissance
1600–1750	Barock
1730–1780	Rokoko

FIAT
Balilla

35

Pomaio

2. Glückliche 24 Stunden

Es braucht nicht viel für einen gelungenen Tag: einen erkenntnisreichen Besuch im Museum, einen Ausflug in die malerische Natur, einen Aperitivo an einem lebendigen Platz in der Altstadt, eine köstliche Osteria mit Familientradition oder ein Weingut mit wunderbarem Ausblick, leckerem Wein und einem Mahl mit eigens hergestellten Produkten … Die folgenden Glücklichen 24 Stunden sind unsere ganz persönlichen Vorlieben für einen glücklichen Tag in den unterschiedlichen Teilen der Toskana. Tauche ein und lass dich treiben, genieße den Nektar und spüre den Puls. Viel Vergnügen und eine schöne Reise in „unsere" Toskana. Fast alle Tipps der Glücklichen 24 Stunden finden sich auch in den folgenden Kapiteln und auf der Karte wieder.

Glückliche 24 h in Florenz

12 Uhr

Bevor es zum 33. *Mercato di San Lorenzo* weitergeht, holen wir uns noch ein Eis auf den Weg in der 42. *Gelateria Edoardo*. Wer genug gelaufen ist, kehrt zur *Piazza della Passera* um und geht im 24. *4 Leoni* oder 27. *5ecinque* Mittagessen.

10 Uhr

Wir beginnen unseren Tag in Florenz am 4. *Ponte Vecchio*, dem Herzen der Stadt. Von hier spazieren wir zum 38. *Caffè Gilli* auf einen Espresso und dann zum 10. *Dom Santa Maria del Fiore*. Wir bestaunen die viertgrößte Kirche des Christentums und das benachbarte Baptisterium 9. *San Giovanni*.

Wir übernachten etwas außerhalb von Florenz in einem Apartment bei 54. *Valdirose* oder luxuriös in der 53. *Villa La Massa*. Wer im Zentrum wohnen möchte, kann sich am besten eine private Wohnung mieten.

13 Uhr

Ansonsten essen wir in der Markthalle eine vorzügliche Pizza in der *34. La Pizzeria Sud*.

15 Uhr

Vom Markt geht es weiter zur *11. Basilica Santa Maria Novella* und danach in die ruhige und geschichtsträchtige *50. Parfümerie Profumo di Santa Maria Novella*.

17 Uhr

In der *18. Enoteca Bruni* trinken wir einen Aperitivo und essen Antipasti.

19 Uhr

Den Sonnenuntergang genießen wir unter Locals bei einem Glas Wein auf der *16. Piazza Santo Spirito* oder abseits der Stadt im *1. Giardino Bardini* mit herrlichem Blick auf das Stadtpanorama. Im Anschluss gehen wir zu einem ungewöhnlichen Fine-Dining-Erlebnis in das Restaurant *19. In Fabricca*.

Glückliche 24 h in Arezzo

10 Uhr

Wenn der *130. Antikmarkt* stattfindet, schlendern wir durch die Gassen und stöbern nach Schätzen. Ansonsten geht es in den tollen Concept Store *144. Sugar.*

9 Uhr

Auf geht es nach Arezzo. Dort spazieren wir über die *127. Piazza Grande* bis zur *126. Piazza San Francesco* und trinken Kaffee im *141. Caffè Dei Costanti.*

8 Uhr

Wir beginnen den Tag früh auf der *147. Fattoria La Vialla* und machen aus den hier erzeugten Produkten ein herrliches Picknick für den Tag.

11 Uhr

Wir besuchen die kürzlich renovierte *128. Fortezza Medicea* und genießen den fantastischen Ausblick.

12 Uhr

Zum Lunch geht es in die ***140. Osteria Da Giovanna*** und danach zur Weinverkostung zu ***148. Podere di Pomaio***.

15 Uhr

Nun fahren wir weiter in das entzückende *Cortona*, wo wir zunächst durch die Altstadt spazieren und uns dann zum Aufstieg zur ***153. Fortezza del Girifalco*** und zur ***152. Basilica di Santa Margherita*** machen. Der Ausblick über die weite Ebene ist atemberaubend!

20 Uhr

Auf dem Rückweg kehren wir in der ***154. Osteria del Teatro*** ein und trinken einen ***Syrah di Cortona***. Wer Lust auf ein exquisites Geschmackserlebnis mit lockerem Fine-Dining-Ambiente hat, der fährt weiter zur ***155. Creta Osteria***.

Glückliche 24 h in Pienza

12 Uhr

Zum Mittagessen reservieren wir einen Tisch im Ristorante *158.* ***Daria*** in ***Monticchiello***. Wir nehmen uns ausgiebig Zeit und bestellen jeden Gang: von den Crostini, über den Eintopf, die Pasta, das gegrillte Lamm bis zum Dessertwein und Espresso.

10 Uhr

Wir bummeln durch die engen Gassen von ***Pienza***, gehen zur *161.* ***Piazza Pio II***, spazieren zur *162.* ***Pieve di Corsignano*** oder schlendern den *160. Panoramaweg* entlang. Auf dem Rückweg kaufen wir Pecorino, Brot und Wein für ein Picknick.

9 Uhr

Wir lieben es in der Abgeschiedenheit zu sein und übernachten im intim charmanten *156.* ***Follonico***, genießen ein herrliches Frühstück und fahren nach ***Pienza***. Wer es zentraler möchte, quartiert sich im coolen und mondänen *170.* ***La Bandita Townhouse*** direkt in Pienza ein.

14 Uhr

Am Nachmittag machen wir uns auf den Weg zum *171. Bagni San Filippo*. Hier klettern wir zum weißen Sinterfelsen und nehmen ein warmes Bad im mineralhaltigen Quellwasser. Im Anschluss genießen wir in der Umgebung ein kleines Picknick.

16 Uhr

Wir landen bei der Weinverkostung und -tour im *180. Podere le Ripi* und bestaunen den einzigartigen Golden Cellar.

17 Uhr

Im einsamen, bizarren und gleichzeitig wunderschönen Ort *175. Lucignano d'Asso* lassen wir uns bei der alten Dame im *Alimentari Giannetti (Da Rita e Eraldo)* ein Sandwich zubereiten.

19 Uhr

Zum Abendessen besuchen wir die schöne Terrasse im Ristorante *164. Podere Il Casale* oder das ausgezeichnete und stylische Restaurant des *170. La Bandita Townhouse*.

Über glückliches Reisen

Warum eine Reise dein Leben verändern kann.

Text: Tanja Roos

Die Italiener sind einfach die Könige des Genusses und des schönen Lebens. Die Sehnsucht nach dieser unvergleichlichen Lebenslust ist bei uns immer wieder groß. Die Toskana ist dabei der unangefochtene Klassiker und eine der reichsten Regionen, die Italien zu bieten hat: kulturell, kulinarisch und landschaftlich. Wie auf magische Art zieht es uns immer wieder dorthin. Sind wir mal eine längere Zeit nicht dort gewesen, fangen wir an zu träumen: von den sanften Hügeln, den Weinbergen, den malerischen Alleen aus Zypressen, dem goldenen Abendlicht, den historischen Städten und idyllischen Dörfern, dem Gelato, der Trüffelpasta und den unvergleichlichen Städten. Es gibt heiße Quellen, in denen man baden kann, Bio-Bauernhöfe und unglaublich schöne Hide-Aways, kleine Schmuckwerkstätten und Handwerksbetriebe, fantastische Trattorias und vor allem viele herzliche Locals.

Als wir von Freunden zu ihrer Hochzeit eingeladen werden, freuen wir uns umso mehr, dass diese in der Nähe von Siena stattfindet. Wir buchen sofort die Tickets nach Pisa. Von dort beginnt unser Roadtrip. Der erste Halt ist ein verstecktes Ristorante in Lucca. Der Besitzer umarmt uns so herzlich, als gehörten wir zur Familie und die Pasta schmeckt so fantastisch, dass wir uns sicher sind: Italien war die richtige Entscheidung für einen Urlaub. Wir erkunden die Toskana mit dem Auto, denn so ist es möglich, wirklich alle Sehenswürdigkeiten und malerischen Landstriche zu erreichen. Die Herausforderung besteht darin, eine derartige Zick-Zack-Route zu planen, dass man die wichtigsten Dinge sehen, probieren und erleben kann.

Unsere Reise führt uns über Lucca zunächst in das Chianti-Gebiet in Richtung Süden. Die erste atemberaubende Attraktion ist die „Kathedrale" der Weindynastie Antinori. Diese moderne, zukunftsweisende und unvergessliche Architektur ist Firmensitz, Weinkeller, Restaurant und Museum zugleich. Was die Fondation Louis Vuitton in Paris, das ist das Antinori-Gebäude in der Toskana. Die Geschichte der adeligen Familie lässt sich fast 1.000 Jahre zurückverfolgen. Tatsächlich gibt es einen Beleg für den anfänglichen Weinanbau der Antinoris aus dem Jahre 1180 auf Castello di Combiate. Diese Familiengeschichte steht sinnbildlich für viele der Weingüter, Restaurants oder Bauernhöfe, die über viele Generationen bestehen und starke Traditionen entwickelt haben: Die Oma steht noch mit

92 Jahren in der Küche und knetet ihren Pastateig, ihre Kinder führen das Restaurant und die Enkel sind weltberühmte Sommeliers (ein tatsächliches Beispiel der Osteria Giovanna bei Arezzo). Alles bleibt von Generation zu Generation scheinbar unverändert. Gleiches gilt in großer Dimension für Städte wie San Gimignano, Siena, Arezzo, Florenz oder Lucca, in denen die Renaissance das Stadtbild prägte und es seitdem scheint, als wäre die Zeit stehen geblieben. Der selbstbestimmte Handel in den Städten schaffte Reichtum. Durch Familien wie die Medicis konnten Kunst und Kultur entstehen, die das Land und den ganzen Kontinent kulturell und gesellschaftlich fundamental veränderten. Heute bleiben das Stadtbild, die Küche und die Lebensart einfach wie sie sind und schon immer waren. Das beruhigt den Geist und macht die Region perfekt für eine glückliche Zeit.

Unsere Route führt uns nun etwas abseits der großen Tourismusrouten nach Arezzo und dort in die wunderbare Fattoria La Vialla. Hier lernen wir, wie sehr die toskanische Kultur durch die Landschaft geprägt ist. Als Gemeinschaft bearbeitet man mit traditionellem Wissen das Land, erntet und verarbeitet mit viel Passion die Früchte und feiert diesen Erfolg ausschweifend an einem langen köstlich gedeckten Tisch mit reichlich Brunello oder Chianti. Kein Wunder also, dass daraus ein genussvolles, schönes Leben entsteht. La Vialla ist als Weingut und Agriturismo der größte, biologisch-nachhaltige Landwirtschaftsbetrieb Europas und wird von drei sympathischen Brüdern geführt. Wir erfahren, wie die unterschiedlichsten Produkte auf traditionelle Weise hergestellt werden und treffen dabei auf viele herzliche Menschen. Das alte Wissen über den Weinanbau wird immer weiter verfeinert. Die über 150 Mitarbeiter wirken auf uns wie eine moderne italienische Großfamilie. Es ist ein tolles Beispiel dafür, dass sich Erfolg, Tradition und Nachhaltigkeit nicht ausschließen, sondern befruchten können. Es zeigt auch, wie nachhaltige Selbstversorgung im kleinen wie im großen Maßstab funktionieren kann.

Und vielleicht ist es das, was den Charme einer Italien-Reise ausmacht. Nämlich die natürliche Schönheit der Dinge: Pasta aus eigenem Getreide, Chianti Classico aus eigenen Trauben, dickes Sugo aus den eigenen Tomaten, Olivenöl aus den eigenen Bäumen und Cantucci nach Omas altem Rezept und natürlich als Nummer eins: die Familie.

Bei all der reichen Geschichte, die die Toskana zu bieten hat, ist es doch das einfach schöne Leben, das uns bei dieser Reise am stärksten beeindruckt: das Kosten von reifen Trauben, das gemeinsame Essen mit Fremden und Freunden unter einem Feigenbaum, das Rollen von Pici-Nudeln mit den eigenen Händen, das Trüffelsuchen und Pecorino probieren, in heißen Quellen baden und sich im Moment verlieren, wenn man die romantischen Hügel des Val d'Orcia bei Sonnenuntergang bestaunt. Ich erinnere mich an Erzählungen meiner Eltern, die häufig in der Toskana waren und immer ein bisschen verliebter zurückgekommen sind – in das Land aber auch ineinander.

3. Local Soulmates

Eine Destination wird vor allem durch ihre Menschen zu dem, was sie ist. Wir haben hier jene porträtiert, die ihre Heimat ausgezeichnet kennen und großzügig mit dir ihre Lieblingsorte teilen. Sie kommen aus den unterschiedlichsten Bereichen: Köche, Handwerker, Designer, Kulturkenner, Ladeninhaber, Architekten, Filmemacher, Autoren, Hoteliers, Lebenskünstler, Kreative, Familien ... Hier erfährst du, warum ihre Heimat in ihren Augen so besonders ist. Mache eine kleine Reise in das Leben und die Welt von inspirierenden Toskanern, die ihre Region und das Leben hier lieben.

Im Gespräch mit

Gianni, Antonio & Bandino Lo Franco

FAMILIEN-UNTERNEHMER · PIONIERE FÜR BIODYNAMISCHE LANDWIRTSCHAFT
lavialla.com · @fattorialavialla

Welchen Beitrag möchtet ihr mit der Fattoria La Vialla leisten?

Wir möchten Menschen eine authentische und intime Erfahrung der Toskana bieten. Sie sollen die alten Traditionen erleben, das Land und die natürliche, köstliche Ernte, die es hervorbringt, kosten und die Atmosphäre einer italienischen Großfamilie spüren, die wir hier gemeinsam mit unseren über 150 Mitarbeitern erschaffen. Wir nennen es die La-Vialla-Erfahrung. Wir merken, dass mittlerweile immer mehr Menschen neben den klassischen historischen Städten wie Florenz, Siena und San Gimignano auch das wahre und echte toskanische Leben erfahren wollen. Das möchten wir hier bieten.

Wo kommt eure Familie ursprünglich her und wie kam es zu La Vialla?

Wir sind alle drei in Siena geboren, wie auch unsere Mutter, und dann nach vier Jahren nach Arezzo umgezogen, wo wir heute alle wieder leben. Dazwischen wohnten wir natürlich allesamt auf La Vialla, als meine Eltern über mehrere Jahre eigenständig die alte Ölmühle renovierten. Unser Großvater kam ursprünglich aus Sizilien und wurde nach dem Zweiten Weltkrieg als Carabinieri nach Siena versetzt, wo er unsere Großmutter kennenlernte. Obwohl er selbst nie in der Landwirtschaft gearbeitet hat, hatte er den dringenden Traum, eben dies zu tun. Er kaufte ein Stück Land und begann mit dem Weinanbau. La Vialla baut noch heute dort an. Manche Träume werden erst durch die folgenden Generationen realisiert und so entschloss sich unser Vater viele Jahre später dazu, seine Anteile an einem Textilunternehmen zu verkaufen und etwa 1000 Hektar Land zu erwerben. Er ging damit einen Schritt zurück in Richtung Zukunft! Heute führen wir diese junge Tradition in der dritten Generation weiter und haben die Landwirtschaft um viele Produkte erweitert und auf Demeter-zertifizierte biodynamische Produktion umgestellt.

Was macht für euch die Toskana aus?

Das Leben in der Toskana wurde schon immer bestimmt durch die Erde und das Land. Viele Toskaner leben als Selbsterzeuger von ihrer eigenen Ernte auf eine ganz natürliche Weise. „Jede" Mama kocht eigene Konserven für den Winter, backt Brot und kocht Pasta aus

Was bedeutet für euch ein glückliches Leben? Punto numero uno: La famiglia. Il motore per tutto!

– „An erster Stelle steht die Familie. Sie ist der Motor für alles!“

dem eigenen Getreide und trinkt vorzüglichen Wein aus eigenem Anbau. Die hohe Qualität der Produkte, die das Land und das Klima ermöglichen, erlaubt ebenso ein genussvolles, schönes Dasein. Florenz ist hier sicherlich die Ausnahme, denn hier lebten die Menschen schon lange von Handel und Handwerk. Auf La Vialla leben wir das moderne toskanische Leben. Unsere Familie kannte das Leben in der Stadt, das Arbeiten im Handel und hat sich für eine neue Form des landwirtschaftlichen Daseins entschlossen.

Eure Eltern haben La Vialla vor 40 Jahren gegründet. Wann habt ihr drei Brüder den Betrieb von euren Eltern übernommen?

Nie! (*lachen) Unsere Eltern haben immer noch im Hintergrund mitgeholfen, Guliana, unsere Mutter, auch heute noch. Wir führen La Vialla auf natürliche Weise gemeinsam als Familie. Wir sind darin hineingewachsen, denn wir haben alle schon als Kinder hier mitgeholfen: in den Weinbergen, bei der Abfüllung, bei der Vorbereitung der Geschenkkörbe, u. v. m.

Was macht die Region um Arezzo aus?

Das Chianti Classico, Siena, Florenz und San Gimignano sind wunderschön, aber eben keine Überraschungen mehr. In Arezzo und dem Osten fällt es deutlich leichter, das authentische toskanische Leben zu erfahren. Hier gibt es noch diese kleinen Restaurants, die das Essen „nur" für die Einheimischen kochen und dabei gar nicht an Tourismus denken. Wir haben drei Lieblingsrestaurants in Arezzo:

1) *Ristorante La Pieve*. Ein familiengeführtes Restaurant mit ausgezeichneter Küche und hervorragender Weinkarte! Schon im ersten Monat nach der Eröffnung war sein Restaurant krachend voll.

2) *Osteria da Giovanna*. Der Sohn des Hauses, Luca Martini, wurde kürzlich zum besten Sommelier der Welt gekürt. Seine Oma Giovanna hat mit ihren 90 Jahren erst vor zwei Jahren in der Küche aufgehört. Sie hat früher am Sonntag frische Tagliatelle für Hunderte Gäste gemacht! Die Rezepte sind allerdings gleich geblieben und die hausgemachte Pasta sowie das Fleisch sind fantastisch! Von außen ist es allerdings sehr unscheinbar.

3) *La Tagliatelle di Cristina*. Das Lokal ist modern und hat Raffinesse. Hier gibt es das beste Tatar der Welt! Die Qualität der verwendeten Zutaten ist phänomenal. Der Besitzer Cristiano ist zudem ebenfalls Sommelier und Garant für eine vorzügliche Weinauswahl. Seine Großeltern haben dieses Restaurant vor über 30 Jahren eröffnet. Cristina, die Mutter von Cristiano, sieht man niemals, denn sie steht immer in der Küche und zaubert hausgemachte Gerichte mit Tradition.

Was ist euer Lieblingswein?

Wir haben über 40 verschiedene Weine, aber mein Lieblingswein ist bei den Roten der Casal Duro. Er ist ein richtiger Toskaner: vollmundig, Geschmack von Brombeeren und reifen Früchten, komplex und mit schönen Düften. Er liegt zwischen Tradition und Moderne. Bei den Weißweinen ist es der Torbolino non filtrato, der nicht filtriert wird und daher fruchtiger schmeckt.

Im Gespräch mit

Céline Krüger

WAHL-TOSKANERIN · AREZZO-LIEBHABERIN
lavialla.com · @louenjewelry

Seit wann lebst du in der Toskana und was hat dich bewegt hierherzuziehen?

Nach meinem Studium in Berlin bin ich 2009 der Liebe wegen in die Toskana gezogen. Ich hatte keinen festen Plan, wie lange ich bleiben würde. Dass mein erster Job bei La Vialla meine neue Passion werden würde, konnte ich damals nicht ahnen. Zwischenzeitlich habe ich auch drei Jahre in Florenz gewohnt, habe mich nun aber für Arezzo entschieden. Berlin wird immer meine große Liebe bleiben, aber die Toskana ist neben Frankreich, wo Teile meiner Familie leben, inzwischen meine Heimat.

Was fasziniert dich an der Toskana, Arezzo oder Italien generell?

Die Menschen zelebrieren hier das schöne und genussvolle Leben: Freunde und Familie stehen an erster Stelle, Karriere dazu aber in keinem Widerspruch. Ich mag die „Draußen"-Kultur der Italiener und ihre Spontanität. Man verabredet sich nicht lange im Voraus, sondern trinkt ein Glas Wein gleich jetzt auf der Stelle. Man lebt im Jetzt. Mir gefällt auch der ständige Kontrast. Einmal aufgebrezelt zum Aperitivo und an einem anderen Tag mit der Nonna aufs rustikale Wildschweinfest – die Mischung macht's! Und natürlich das fantastische Essen: Ich finde es faszinierend, dass viele Gerichte lokal super beliebt sind und in anderen Regionen hingegen völlig unbekannt, wie zum Beispiel unser toskanischer Brotsalat „Panzanella". Der Toskaner ist ein kulinarischer Lokalpatriot!

Was bedeutet die Fattoria La Vialla für dich?

La Vialla ist mein Alltag, mein Beruf, aber auch meine Mission, meine Heimat und ein bisschen wie Familie. Außerdem hat sie mein Bewusstsein für die Natur geschärft – ich weiß den Wert einer selbst gepflanzten Tomate zu schätzen, kaufe möglichst Bio-Qualität und lebe generell nachhaltiger. La Vialla ist für mich die Toskana – und einer der wichtigsten Gründe, warum ich von hier nicht mehr loskomme.

Wenn gute Freunde auf Besuch kommen, was würdest du ihnen auf jeden Fall zeigen?

In Arezzo unbedingt den *Dom*, die neu restaurierte *Fortezza* und die *Piazza San Francesco*, auf der viele Szenen des oscargekrönten Films „La Vita è Bella" gedreht wurden. In Florenz lohnen auch die kleineren Plätze, wie die charmante *Piazza della Passera* und die vielen Lokale bei *San Niccolò*. In Cortona ist die Anfahrt über die Landstraße schon das

Glück ist überall
und nirgendwo,
es kommt immer
darauf an, ob man
es sehen kann.

erste Highlight und nach einem Bummel durch die Innenstadt geht es weiter bergauf, erst zur *Basilica di Santa Margherita* und dann zur Festung, um den unglaublichen Ausblick zu genießen.

Wie würden perfekte 24 Stunden in Arezzo und Umgebung aussehen? Was dürfte auf keinen Fall fehlen?

Zuerst ein traditionell toskanisches Frühstück mit Caffè & Cornetto, dann ein bisschen Sightseeing und Shopping, idealerweise am ersten Wochenende im Monat, denn dann ist „*Fiera Antiquaria*" und die ganze Altstadt voller antiker Schätze. Natürlich ist ein Besuch auf der *Fattoria* Pflicht, zum traditionellen Mittagessen unter der Woche oder zur Brotzeit und für eine der kostenlosen Führungen über den Hof. Dann ein Stündchen in der Sonne entspannen und für den Abend wieder zurück Richtung Arezzo. Für duftende Pasta und reichlich Wein, versteht sich!

Wo ist dein persönlicher „Happy Place"?

Da habe ich mehrere. Einer ist sicher unter dem *Feigenbaum auf der Fattoria* mit Blick auf die Weinberge, Olivenhaine und den Gemüsegarten. Ein weiterer ist im kleinen Park vor dem Dom in Arezzo, in dem ich morgens manchmal ein paar Runden jogge und danach den Ausblick auf das Tal genieße. Auch ein Tisch bei „*In Fabbrica*" in Florenz ist so ein Platz, vor allem wenn Santo sich mal wieder in der Küche verausgabt.

Was macht dich glücklich?

Glück liegt überall und nirgendwo, es kommt immer darauf an, ob man es sehen kann: ein Sonnenaufgang, die ersten Knospen der Weinreben im April, die Olivenblüte im Mai, der Duft von gärendem Wein, in eine frisch gepflückte, sonnenwarme Tomate beißen, neue Menschen kennenlernen oder andere zum Lachen zu bringen. Seit ein paar Jahren sitze ich liebend gerne auch an meiner Schmiedebank und arbeite an meiner eigenen Schmuck-Kollektion. Ich habe als Kind schon Ohrringe gebastelt und nun gibt es dafür keinen schöneren Ort als unser Atelier, um meine Ideen in Gold und Silber zu gießen (Showroom in der Via San Lorentino 26, Arezzo).

Im Gespräch mit

Matteo Gioli

CO-FOUNDER SUPER DUPER HATS · HUTMACHER
superduperhats.com · @superduperhats

Wo kommst du her und wo lebst du jetzt?
Ich bin in Pisa geboren und aufgewachsen und lebe seit ungefähr zehn Jahren in Florenz.

Wie wurdest du Hutmacher und was liebst du besonders an Mode und Hüten?
Als Musiker und Industriedesign-Student habe ich mich erst nicht für Mode interessiert, sondern eher für Subkulturen und alles Trendprägende.
2009 lernte ich meine Geschäftspartner, meine Frau Veronica und ihre Schwester Ilaria kennen und wir beschlossen, die alte Kunst des Hutmachens in die Moderne zu retten. Ein Hut ist etwas ganz Persönliches und „Intimes". Das Tragen des richtigen Hutes muss sich natürlich anfühlen. Deswegen vereinen wir höchste Rohstoff- und Fertigungsqualität mit zeitgemäßem Design, alles 100 % *made in Italy*.

Was liebst du an Florenz und der Toskana?
Florenz ist eine wunderbare, dichte Stadt in der die Tradition noch lebendig ist. *Oltrarno* zum Beispiel, das Lieblingsviertel der Künstler in den 1950er- und 1960er-Jahren, ist ein echtes mittelalterliches Ghetto mit künstlerischen Vorort-Vibes. Und rund um die Piazza *Santo Spirito* reiht sich ein Kunsthandwerker an den nächsten – winzige, verrückte Universen. Die Toskana ist eine Erweiterung davon – unzählige kostbare Diamanten liegen zwischen den Hügeln und dem Meer.

Wie sieht dein perfekter Tag aus?
Jeder Tag, den ich mit meinem Sohn Libero verbringen kann. Auch wenn wir tagsüber arbeiten, gehört der Abend der Familie. Wir lieben es zu dritt mit Freunden Essen zu gehen, ein Eis zu essen oder einfach nur einen Spaziergang zu unternehmen.

Wenn die Toskana ein Mensch wäre, wie wäre sie oder er?
Eine wunderbare, vollbusige Frau aus dem letzten Jahrhundert, die zu ihren Geheimnissen steht und ihre Schönheit und die Spuren des Alters ohne Reue zeigt.

Wo und wann fühlst du dich am glücklichsten?
Als Musiker war früher mein Happy Place die Bühne und manchmal vermisse ich das. Aber heute ist Glück, wenn Libero mich anschaut, „Babbooooo!" („Papaaaaa!") sagt und anfängt zu lachen.

Toskana als Mensch wäre eine wunderbare, vollbusige Frau aus dem letzten Jahrhundert, die zu ihren Geheimnissen steht und ihre Schönheit und die Spuren des Alters ohne Reue zeigt.

Im Gespräch mit

Gianfranco Pampaloni

SILBERSCHMIED · FLORENTINER

restaurant.pampaloni.com · In Fabbrica

Wie ist diese historische Silberschmiede entstanden, in der du nun zu dem dein einzigartiges Restaurant führst?

Mein Großvater stammt aus Florenz und hat die Silberschmiede 1902 gegründet. Meine Großmutter hat hingegen österreichische Wurzeln und stammt aus Graz. Sie kam als junge Frau nach Florenz, das schon immer eine kleine Stadt mit einer großen Vielfalt an Möglichkeiten war. Ein perfektes Auffangbecken für all die Fremden, die hierher kamen. Auch heute noch nimmt für mich Florenz diese Rolle ein.

Warum tragen eure Kellner diese Outfits mit Kollar?

Sie tragen es, weil in der Fabrik früher zwei Priester gearbeitet haben. Die Kirche wollte dem Einfluss des Kommunismus entgegenwirken und suchte die Nähe zum arbeitenden Volk. Eine verrückte Idee. Wir versuchen auf verschiedene Weisen für unsere Gäste alte Traditionen in neuer Form erfahrbar zu machen. Daher führt der Weg zum Restaurant auch mitten durch unsere charismatische Fabrik, die damals wie heute so viele Geschichten erzählt.

Welche Funktion erfüllt euer Silberhandwerk?

Ich möchte das gern an diesem Löffel erklären. Ich habe vor einigen Jahren sizilianisches Silberbesteck aus dem 18. Jahrhundert erstanden. Aus den Einzelstücken haben wir eine ganze Besteckkollektion hergestellt, mit der auch die Tische zum Dinner eingedeckt werden. Es geht uns um die Transformation der Tradition in die Zukunft. Nichts, was wir heute kennen, ist tatsächlich neu. Alles basiert auf Traditionen und Kopien. Für mich sind Silberwaren dabei keine exklusiven symbolischen Schmuckstücke. Sie sollen vielmehr nach alter italienischer Tradition inkludierend sein: das edle, silberne Besteck, das die ganze Familie zum gemeinsamen Essen an den Tisch zusammenbringt.

Was sind deine Lieblingstipps in Florenz?

Das naturwissenschaftliche Museum *La Specola* (Renovierung bis vsl. 2022), *Santa Croce Kirche* mit den Gräbern vieler lokaler Berühmtheiten und der Ausblick von der alten Festung *Forte Belvedere*.

Unser silbernes Besteck soll die ganze Familie zum gemeinsamen Essen an den Tisch zusammenbringen.

Im Gespräch mit

Giulia Scarpaleggia

KOCHBUCHAUTORIN
julskitchen.com · @julskitchen

Wo bist du Zuhause?
Ich lebe mit meinem Mann im Umland von Colle Val d'Elsa, zwischen Siena und Florenz, knapp außerhalb des Chianti-Gebiets. Tomasso meinen Mann zu nennen, ist noch ungewohnt, wir haben erst vergangenen Sommer geheiratet und im wunderbaren Tenuta di Mensanello gefeiert – ein absoluter Lieblingstipp von mir. Die Farm liegt idyllisch zwischen Hügeln mit Feldern, Wäldern, Olivenhainen und Weinbergen.

Wie würde ein guter Freund dich in fünf Worten beschreiben?
Ehrlich, aufrichtig, optimistisch, einfach, leidenschaftlich.

Wie bist du zum Kochen gekommen?
Ich habe Kochen von meiner Oma Marcella gelernt, aber nie gedacht, dass es mein Beruf werden könnte. Jetzt habe ich seit 2009 einen Food Blog, gebe Kurse, schreibe Kochbücher und mache sogar einen Podcast.

Woher kommen deine Eltern und wie haben sie sich zum ersten Mal getroffen?
Mein Vater kommt hier vom Land und meine Mutter war ein Stadtmädchen aus San Gimignano. Eines Tages fuhr er mit seinem roten Fiat 128 Sportwagen mitten auf den Piazza della Cisterna und hoffte, meine Mutter würde ihn bemerken. Er war erfolgreich. Ich denke gerne an diese Erinnerung zurück, wenn ich mir in der Gelateria Dondoli ein Eis kaufe.

Wie hat sich San Gimignano seit deiner Kindheit verändert?
San Gimignano hat sich enorm verändert. Ich war lange nicht dort, weil es sich während der Hochsaison anfühlt, als wäre die Stadt für einen Hit-and-run-Tourismus gemacht und nicht für seine Einwohner. Wer allerdings außerhalb der Saison oder unter der Woche am frühen Morgen oder späten Nachmittag die Stadt besucht, der kann eine mystische und fantastische Stadt erleben. Das ist die Zeit, in der die Einheimischen ihre Straßen und Plätze zurückerobern.

Wo ist dein persönlicher „Happy Place"?
Genau hier, auf dem Land, um einen Tisch versammelt.

Wenn du etwas an der Toskana ändern könntest, was wäre das?
So sehr ich das einheimische Essen liebe, manchmal würde ich mich über authentische internationale Küche freuen.

Welche fünf toskanischen Gerichte muss jeder gekostet haben?

1. Pappa al Pomodoro (Tomatenbrotsuppe)
2. Ribollita (Eintopf aus altem Brot, Bohnen und Palmkohl)
3. geschmortes Wildschwein
4. Panzanella (Tomatenbrotsalat)
5. Panforte (sienesischer Weihnachtskuchen)

Im Gespräch mit

Marco Rossi

PODERE DI POMAIO · WEINLIEBHABER
pomaio.it · @poderedipomaio

Wo hast du gelebt, bevor du in deine Heimat zurückgekehrt bist?
Meine frühe Kindheit verbrachte ich in Ägypten, dann landete ich auf Umwegen über Dallas und London wieder in der Toskana und habe schon in Sanremo, Bologna und Mailand gelebt.

Wie bist du zum Weingeschäft gekommen?
2010 war ich kurz davor, meinen MBA in Japan zu machen, entschied mich dann aber doch, meinem Bruder Iacopo zu helfen, Podere di Pomaio zu gründen. Ich war sicher, dass ich mich nicht länger als ein Jahr mit dem Projekt beschäftigen würde, aber plötzlich war ich voll eingetaucht in die Welt des Weins.

Was bedeutet dir die Toskana?
Ich liebe die Naturverbundenheit und das entschleunigte Leben. Ich liebe das Licht und vermisse es jedes Mal, wenn ich auf Reisen bin. Die Toskana ist eine Wiege der Kultur. Man findet selbst in den Augen der alten Landwirte so viel Nobles, ein einzigartiges Erlebnis. Die Menschen hier arbeiten hart und beschweren sich nie. Auch das macht die hohe Lebensqualität aus.

Was sind deine Lieblingsorte in der Toskana?
Ich liebe Arezzo, weil es so authentisch und noch sehr unentdeckt ist. Ich verbringe viel Zeit in *Cortona*, den umliegenden Weinbergen und spaziere gerne durchs *Casentino-Tal*. Dazu bin ich ganz verliebt in *Lucca*, genieße aber auch das Nachtleben im Florenzer Stadtviertel *San Frediano*.

Wenn Freunde aus dem Ausland zu Besuch kommen, was zeigst du ihnen definitiv?
Aus Arezzo zu sein, macht mich stolz! Also besichtigen wir zuerst die *Altstadt* und die alte *Fortezza*. Dann flanieren wir zur *Piazza Grande* und hinüber zur *Piazza San Francesco*, um *Piero della Francesca*s Fresken zu bewundern. Ein Spaziergang durch die nahen Weinberge vertreibt die Zeit bis zum Aperitivo und dann dreht sich alles um Arezzos fantastische Weinszene! Meine weiteren Tipps findest du im Buch.

Ich liebe die Naturverbundenheit, das entschleunigte
Leben und das Licht hier. Das vermisse
ich jedes Mal, wenn ich auf Reisen bin.

Wenn die Toskana ein Mensch wäre, wie wäre sie oder er?
Auf jeden Fall eine Sie! Die Toskana ist ein wunderschönes Mädchen mit blaugrünen Augen, mit Haaren von der Farbe eines Getreidefeldes in der Junisonne und einem blassen und ungeschminkten Teint. Im Gesicht stets nur der Anflug eines Lächelns, während ihre Augen von Jahrhunderten voller Geschichte erzählen. Wer ihre Haut berührt, spürt jedoch gleichzeitig die Zukunft. Ihre Lippen haben die Farbe einer blassen Rose und schmecken nach Trauben. Sie ist eine gütige, wilde Seele und steckt voller Geheimnisse.

Wo und wann fühlst du dich am glücklichsten?
Es mag erstaunlich klingen, aber ich fühle mich auch auf Reisen und im Flugzeug ungemein geborgen und sicher. Ein Bier am Flughafen hat einen Nachgeschmack, den man sonst nirgendwo anders findet, und das ganze Ritual des Reisens steckt voller Magie. Es ist eine Art Sucht und so reise ich immer noch viel und gern, am liebsten nach China und Japan. Je älter ich werde, desto mehr finde ich mein Glück aber auch hier. Es liegt direkt in den Hügeln der Toskana, wenn ich Zeit habe und den Sonnenuntergang beobachten kann, zusammen mit meiner Frau Alessandra und unserer sechs Monate alten Tochter Clara.

Was bedeutet Glück für dich?
Nicht stillzustehen und Zeit mit den Menschen zu verbringen, die mich interessieren. Dank meiner internationalen Wurzeln habe ich Familie und Freunde auf der ganzen Welt und so ist das Reisen unverzichtbarer Teil meines Glücks. Früher war ich eher der unabhängige, eigennützige Globetrotter. Jetzt ist der beste Teil am Reisen, wenn mich meine kleine Tochter beim Heimkommen anlächelt.

Was ist deine Lebensphilosophie?
Mach dein eigenes Ding, störe dich nicht an der Art und Weise, wie andere ihr Leben gestalten und urteile nicht! Ich mag die orientalische und vor allem japanische Art zu leben, aber mit einer extra Prise positiver Einstellung, die von meiner äthiopischen Seite der Familie kommt. Ich will das Leben mit einem Lächeln umarmen, wie ein echter Toskaner eben!

Foto: Brüder und Business-Partner

Dank meiner internationalen Wurzeln, habe ich Familie und Freunde auf der ganzen Welt und so ist das Reisen unverzichtbarer Teil meines Glücks.

Im Gespräch mit

John Voigtman

HOTELIER · EHEMALIGER MUSIK-AGENT
la-bandita.com · @banditatuscany

Wo hast du gelebt, bevor dein Abenteuer in der Toskana begann?
Ich bin in Taiwan aufgewachsen und habe in New York gelebt und gearbeitet. Eines Tages haben meine Frau und ich beschlossen, diese Art des intensiven Lebens in der Großstadt zu beenden und ein neues Kapitel aufzuschlagen. Meine Familie und ich haben uns während unserer Reisen in Pienza verliebt und uns abenteuerlicherweise entschlossen, hier unser neues Zuhause zu gründen.

Wie bist du zur Boutique-Hotelbranche gekommen? Was macht ein gutes Hotel für dich aus?
Zuerst war ich klassischer Tourist, aber ich habe wohl nach einem Grund zum Bleiben gesucht, also habe ich es einfach gewagt. Meine Hotels sind allesamt klein, sodass wir uns auf jeden einzelnen Gast konzentrieren können. Mir ist wichtig, etwas Persönliches zu schaffen, das ich selbst liebe. Wenn einem das gelingt, spüren auch andere die Verbindung und die eigene Passion.

Was liebst du an der Toskana?
Die wundervollen Landschaften, die alte, elegante Kultur und die Tatsache, dass die Menschen hier so stark mit dem Land verbunden sind. Das Essen ist so gut, weil es einfach, saisonal und unverfälscht ist.

Was sind deine Lieblingsdörfer in der Toskana?
Pienza mein Favorit, aber ich genieße auch die alten Städte in der *Maremma* wie *Sorano*, *Savona* und *Pitigliano*. Sie sind weniger touristisch und sehr charmant. Auch *Capalbio* an der Südküste, mit seiner herrlichen Aussicht auf das Meer, ist eine Reise wert.

Was bedeutet Glück für dich?
Ruhe, Nachhaltigkeit und Schönheit. Diese drei Qualitäten um mich zu haben, ist das, wonach ich strebe, zum Beispiel auf meiner Bank hinter dem *La Bandita Countryhouse* zu sitzen und einfach auf die Landschaft zu blicken.

Was ist deine Lebensphilosophie?
Ich versuche hart zu arbeiten, Spaß zu haben und Menschen mit Respekt zu behandeln. Ich weiß, dass ich Verantwortung trage, aber lasse mich davon nie überwältigen. Das Übernehmen von Verantwortung war auch ein Schlüssel, um Teil der Gemeinschaft der Locals in Pienza zu werden. Man muss hier seine Ärmel hochkrempeln und einen Beitrag leisten, dann erfährt man die herrliche Gastfreundschaft der Toskaner.

Meine Familie und ich haben uns während unserer Reisen in Pienza verliebt und abenteuerlicherweise entschlossen, hier unser neues Zuhause zu gründen.

4. Norden

Florenz + Lucca

Kulturhauptstadt Europas, Schätze der Renaissance, Wiege der neuzeitlichen Kultur, Uffizien, Stadtspaziergänge, charmante Piazzas, atemberaubende Kathedralen, romantische Szenerien, persönliche Weinbars, authentisches Streetfood, prunkvolle Medici-Paläste, traditionelle Läden und Handwerkskunst ...

Interessante Ort:
Santo Spirito, Santa Maria del Fiore,
Santa Maria Novella, San Niccolò

Einteilung:
Kultur & Aktivitäten · Restaurants · Cafés · Shops
Hotels & Agriturismos · Ausflüge

„Das Beste, was wir von der Geschichte haben, ist der Enthusiasmus, den sie erregt."
– Goethe

4.1 Florenz

HAUPTSTADT UND GRÖSSTE STADT DER TOSKANA: *Florenz*

L'ANTICO CENTRO DELLA CITTÀ
DA SECOLARE SQUALLORE
A VITA NUOVA RESTITUITO

1. VILLA BARDINI

KULTUR • Costa S. Giorgio 2–4
villabardini.it

Ein Lieblingstipp unserer Soulmate Céline. In den gepflegten Gärten des Anwesens kann man wunderbar spazieren und hat dabei einen fantastischen Ausblick auf Florenz. Im Haus werden zudem Ausstellungen zeitgenössischer Kunst gezeigt.

2. MUSEUM LA SPECOLA

KULTUR • Via Romana 17 • msn.unifi.it
+39 0 552 756 444

La Specola wurde im Jahre 1775 gegründet und gilt als das älteste wissenschaftliche Museum Europas. Bei der Eröffnung konnte man auf die reichen, naturkundlichen Sammlungen der Familie Medici zurückgreifen. Absolutes Highlight sind für uns die Räume zur Wachsbildnerei mit Figuren aus dem 16. bis 18. Jahrhundert Anhand der täuschend echt wirkenden Wachsfiguren wurde die Anatomie gelehrt ohne Leichen untersuchen zu müssen. Ein ganz einzigartiges Kunstgenre, das unser Soulmate Gianfranco Pampaloni zu besichtigen empfiehlt.
(Während der aktuellen Renovierungsarbeiten bleibt das Museum bis vsl. 2022 geschlossen.)

3. UFFIZIEN

KULTUR • Piazzale degli Uffizi 6 • uffizi.it

Bei meinem ersten Besuch in den Uffizien war ich 13 Jahre alt. Ich erinnere mich daran, wie fasziniert ich von der Aura dieser heiligen Hallen war. Noch heute empfinde ich es als völlig unwirklich, dass man diesen Meistern der Renaissance durch ihre Kunstwerke in den Uffizien begegnen kann. Künstler wie Sandro Botticelli, Leonardo da Vinci, Raffael oder Michelangelo haben mit ihren Bildern und ihrem Wirken unsere westliche Kultur maßgeblich geprägt. Ihnen derart gegenüberzustehen verursacht Gänsehaut. Es ist ein zauberhafter Moment, wenn es gelingt, die Mengen um einen herum auszublenden und sich in den Bildern zu verlieren. Die Karten sollte man unbedingt vorab reservieren, um die sonst sehr lange Wartezeit zu reduzieren.

4. PONTE VECCHIO

KULTUR • Ponte Vecchio

Der Ponte Vecchio in seiner heutigen Gestalt existiert bereits seit 1345 und wurde durch Cosimo I. aus dem Hause der Medici in Auftrag gegeben. Zuvor führte an dieser Stelle eine einfache Holzbrücke über den Arno. Durch Cosimo I. wurde auch veranlasst, dass die Geschäfte auf der Brücke nicht, wie zuvor üblich, durch Gerber und Schlachter besetzt wurden, sondern durch ein edleres Gewerbe – das der Goldschmiede. Der Ponte Vecchio war im Zweiten Weltkrieg die einzige Brücke der Stadt, die nicht zerstört wurde.

5. BASILICA DI SANTA CROCE

KULTUR • Piazza di Santa Croce 16
santacroceopera.it • +39 0 552 466 105

An der Stelle der heutigen Basilika von 1385 stand zuvor die erste Franziskaner-Kirche, die zu Ehren Franziskus‘ nach dessen Tod im Jahr 1226 von dessen Anhängern erbaut wurde. Der Neubau übertraf die kurz zuvor erbaute Kirche Santa Maria Novella des konkurrierenden Dominikanerordens. In der Kirche können die Grabplatten der vielen berühmten Florentiner bestaunt werden, die hier zu deren Ehren errichtet wurden. Darunter sind unter anderem Galileo, Machiavelli, Michelangelo und Rossini.

6. CINEMA ODEON FIRENZE

KULTUR • Piazza degli Strozzi
odeonfirenze.com

Das schönste Kino in Florenz! Selbst wenn man die Sprache nicht versteht, ist der Ort selbst das Erlebnis. Regelmäßig finden hier auch Events statt.

7. PALAZZO STROZZI

KULTUR • Piazza degli Strozzi
palazzostrozzi.org

In diesem imposanten Stadtpalast werden regelmäßig wechselnde Ausstellungen zeitgenössischer Kunst gezeigt. Nur wenige Gehminuten entfernt liegt das berühmte Caffè Gilli.

8. GIOTTOS CAMPANILE

KULTUR • Piazza del Duomo
ilgrandemuseodelduomo.it

87 Meter, verteilt auf 414 Stufen, geht es hinauf: Der frei stehende Glockenturm aus rotem, grünem und weißem Marmor ist nicht nur Wahrzeichen der Stadt, sondern ein Muss für alle, die Florenz von oben sehen möchten.

9. BAPTISTERIUM SAN GIOVANNI

KULTUR • Piazza San Giovanni
operaduomo.firenze.it
+39 0 552 302 885

Von außen eher unscheinbar, aber im Inneren eine wahre Offenbarung: Das achteckige Baptisterium, eine gotische Taufkirche, zieht uns vor allem aufgrund seines byzantinischen Kuppelmosaiks in seinen Bann. Das älteste architektonische Monument von Florenz begeistert auch noch mehr als 800 Jahre später. Unser Tipp: Unbedingt auch das angeschlossene Museum besuchen!

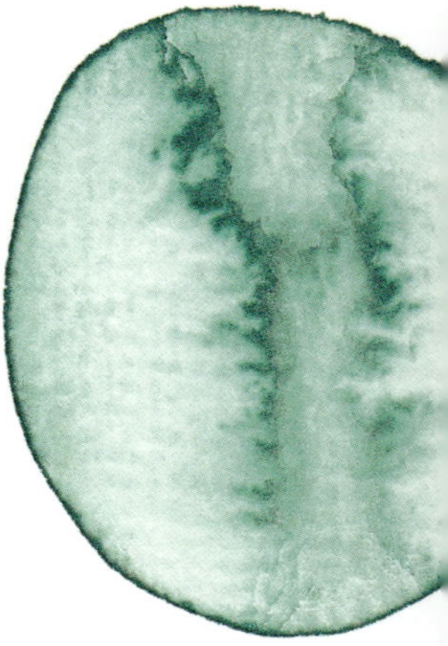

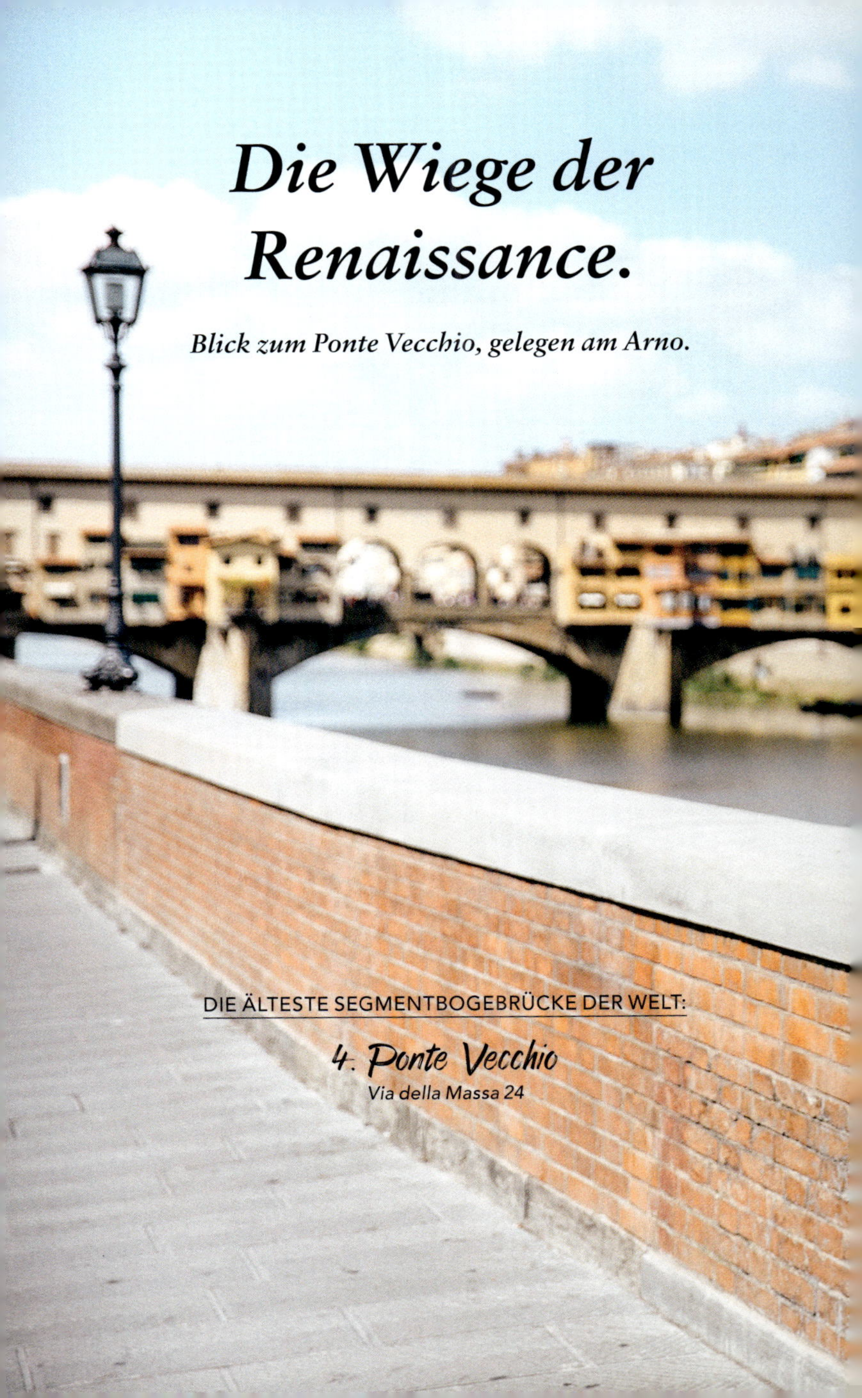

Die Wiege der Renaissance.

Blick zum Ponte Vecchio, gelegen am Arno.

DIE ÄLTESTE SEGMENTBOGEBRÜCKE DER WELT:

4. Ponte Vecchio

Via della Massa 24

10. KATHEDRALE DI SANTA MARIA DEL FIORE

KULTUR • Piazza del Duomo
ilgrandemuseodelduomo.it
+39 0 552 302 885

1368 wurde der atemberaubende Bau, der alle anderen Kathedralen wie in Siena oder Lucca übertrumpfen sollte, fertiggestellt. Heute ist sie die viertgrößte Kirche der Welt. Für die Sportlichen unter den Besuchern gilt es, die 463 Stufen emporzusteigen und mit einem sagenhaften Blick über die Stadt belohnt zu werden.

11. SANTA MARIA NOVELLA

KULTUR • Piazza di Santa Maria Novella 18 • chiesasantamarianovella.it
+39 055 219 257

Weißer und grüner Marmor und eindrucksvolle Fresken: die gotische Dominikaner-Kirche und Klosteranlage Santa Maria Novella. Ein Stück Geschichte, das berührt, fasziniert und uns Ruhe schenkt – inmitten des hektischen Treibens der Stadt. Schön sind übrigens auch die Kreuzgänge mit grünen Oasen im Inneren der Anlage.

12. SAN MINIATO AL MONTE

AKTIVITÄT • Via delle Porte Sante 34
sanminiatoalmonte.it

Es gibt so viele schöne Aussichten auf Florenz, aber diese, nämlich von der Basilika San Miniato al Monte, ist uns von allen die liebste. Im Vergleich zum Piazzale Michelangelo ist es hier deutlich ruhiger und die kleine Kirche schafft eine friedlichere Atmosphäre.

13. PIAZZALE MICHELANGELO

AKTIVITÄT • Piazzale Michelangelo 50

Der eindrucksvolle Ausblick vom Piazzale Michelangelo ist alles andere als ein Geheimtipp, aber vor allem bei Sonnenuntergang eben doch von legendärer und zeitloser Schönheit.

14. GIARDINO DELLE ROSE

AKTIVITÄT • Viale Giuseppe Poggi 2
turismo.intoscana.it

Der Rosengarten liegt zwischen Piazzale Michelangelo und der Altstadt und bietet somit eine angenehme Erholung während eines langen Spaziergangs durch die Stadt.

15. GRAPE TOURS

AKTIVITÄT • Via dei Renai 23r
tuscan-wine-tours.com

Wer in die Toskana kommt, der will natürlich das Chianti und die dortige legendäre Weinkultur erleben. Die Weinverkostungen sind immer auch ein Stück Kulturgeschichte, wenn man mit den Winzern ins Gespräch kommt. Grape Tours bietet tolle Ausflüge zu den besten Weinkellereien und exzellenten Restaurants der Region. Die Touren haben unterschiedliche Themen, beginnen jedoch alle in Florenz.

16. PIAZZA SANTO SPIRITO

AKTIVITÄT • Piazza Santo Spirito

Die idyllische Piazza Santo Spirito gehört für uns zu den schönsten Plätzen in Florenz. Man kann hier wunderbar auf den Stufen der Kirche in der Sonne oder am Brunnen im Schatten der Bäume mit den Locals sitzen, Wein trinken und das Florenzer Leben beobachten.

17. PALAZZO VECCHIO

AKTIVITÄT • Piazza della Signoria
museicivicifiorentini.comune.fi.it

Der ursprüngliche Name lautet Palazzo della Signoria und war ab dem Jahre 1314 Sitz des Stadtparlamentes, bis Cosimo I. aus dem Hause der Medici es im 16. Jahrhundert zu seinem persönlichen, prunkvollen Regierungssitz machte. Das Parlament zog daraufhin in die Uffizien um. Bei einem Besuch kann man den „Arnolfo-Turm" besteigen und hat einen herrlichen Panoramablick über die Stadt.

18. ENOTECA BRUNI

ENOTECA • Borgo Ognissanti 25
enotecabruni.it • +39 0 553 880 177

Fantastische kleine Weinbar mit exklusivem Ambiente und einer grandiosen Weinauswahl. Zu den anspruchsvollen und vorzüglichen Gerichten empfehlen die jungen, enthusiastischen Inhaber teilweise sehr exotische Weine. Ein tolles Erlebnis!

19. IN FABBRICA

RESTAURANT • Via del Gelsomino 99
restaurant.pampaloni.com
+39 3 516 578 772

Das Restaurant In Fabbrica liegt abseits der üblichen Adressen. Wir hätten es ohne den Tipp unserer tollen Soulmate Céline niemals gefunden. Das Fine Dining bei Gianfranco ist ein ganz einzigartiges Erlebnis, das neben hervorragender Küche auch einen tiefen Einblick in die Traditionen von Florenz bietet. Gianfranco ist ein Meister im Geschichtenerzählen und es gibt kein eindrucksvolleres Setting dafür als die alte Silberschmiede, die sein Großvater 1902 gründete. Die Gerichte sind saisonal, wobei köstliche Fischgerichte hier die Spezialität sind. Der versteckte Eingang befindet sich hinter einer Hecke direkt an der großen Silberstatue.

20. FORNO PINTUCCI

RESTAURANT • Via delle Caldaie 12
+39 055 214 747

Die Bäckerei Forno Pintucci macht die besten Cantucci in Florenz. Außerdem sollte man bei Gelegenheit eine typische Florentiner Delikatesse kosten: Schiacciata mit Trauben. In gewisser Weise ein „toskanischer Berliner".

BEEINDRUCKEND:

10. Kathedrale Santa Maria del Fiore

Piazza del Duomo

- Platz für 30.000 Personen
- viertgrößte Kirche in Europa
- Höhe der Kuppel: 114 m
- Baujahr: 1296–1436

21. OSTERIA SANTO SPIRITO

RESTAURANT • Piazza Santo Spirito 16
osteriasantospirito.it
+39 0 552 382 383

Die Osteria ist wie die gleichnamige Piazza Santo Spirito ein toller Ort, um ein authentisches Florenz zu erleben. Die Küche ist hier typisch toskanisch und die Preise noch eher für die Einheimischen als für die Touristen gemacht. Trotzdem sollte man unbedingt reservieren.

22. LE VOLPI E L'UVA

RESTAURANT • Piazza dei Rossi 1r
levolpieluva.com • +39 0 552 398 132

Eine kleine Weinbar, die zu Spitzenzeiten aus allen Nähten platzt: Direkt um die Ecke vom Ponte Vecchio genehmigen wir uns ein Gläschen exzellenten Vino – die Auswahl an bekannten, aber auch ungewöhnlichen „Italienern" ist enorm. Hier sitzt man am Abend dicht an dicht mit Locals.

23. CULINARIA BISTROT BY DE GUSTIBUS

RESTAURANT • Piazza Torquato Tasso 13r • culinaria-firenze.it
+39 055 229 494

Ein entzückendes Restaurant, das man fast übersehen möchte, wäre da nicht der Tipp von Matteo. Hier gibt es das beste Oktopus-Gericht der Stadt! Die Zutaten stammen allesamt aus ökologischem Landbau und die Gerichte sind mit Liebe und Finesse angerichtet. Das Bistro ist sehr beliebt bei Locals. Ohne Reservierung geht hier nichts.

24. 4 LEONI

RESTAURANT • Via de' Vellutini 1
4leoni.com • +39 055 218 562

Die gemütliche Piazza della Passera bietet eine kleine Pizzeria, großartige Restaurants und eine köstliche Gelateria – alles auf einem Fleck! Das 4 Leoni ist der perfekte Ort für ein toskanisches Mittagessen im Viertel der gleichnamigen Santo Spirito: Die Pasta mit Venusmuscheln ist famos und der Service wie bei der italienischen Großfamilie.

25. PINSA ROMANA

RESTAURANT • Via Toscanella 13

Wenn unsere Jungs Hunger haben, muss es manchmal schnell gehen. Bevor wir also ins 4 Leoni gehen, holen wir den Jungs noch eine Pizza bei Pinsa Romana zum Mitnehmen und essen sie genüsslich, mit Kleckern, auf einer der Bänke der Piazza della Passera.

26. TRATTORIA BARBECUE

RESTAURANT • Piazza Torquato Tasso 9r • trattoriabbq.com
+39 0 555 120 376

Unser Soulmate Matteo schwört hier auf das umwerfende Steak und die besten Fleischbällchen der Welt!

27. 5ECINQUE

RESTAURANT • *Piazza della Passera 1*
5ecinque.it • +39 0 552 741 583

Das kleine, elegante Restaurant ist meistens bis auf den letzten Platz voll, daher unbedingt reservieren. Ganz entgegen den italienischen Gewohnheiten, gibt es hier eine hervorragende vegetarische Küche. Die Inhaber legen sehr viel Wert auf Bio-Produkte aus der Region.

28. BRAC

RESTAURANT • *Via dei Vagellai 18*
libreriabrac.net • +39 0 550 944 877

Bei Brac handelt es sich um ein vegetarisches Restaurant und eine Buchhandlung in einem. In gemütlicher Atmosphäre gibt es herzhafte und gesunde Gerichte, die auch den großen Hunger stillen. Es liegt in perfekter Lage für Lunch nach einem Besuch bei den Uffizien oder dem Palazzo Vecchio.

29. TRATTORIA CAMMILLO

RESTAURANT • *Borgo S. Jacopo 57r*
+39 055 212 427

1945 eröffnet und auch heute noch so gut wie damals: In der Trattoria Cammillo wird tagtäglich leckere Familiengeschichte geschrieben. Das Bolognese-Rezept wird beispielsweise seit Generationen weitergegeben. Soulfood auf Florentiner Art: Unglaublich lecker, auch der Wein!

30. VINI E VECCHI SAPORI

RESTAURANT • *Via dei Magazzini 3r*
+39 055 293 045

Nur zehn Tische, deshalb gleich vorweg: Unbedingt reservieren, egal ob für Lunch oder Dinner! Wer wie wir Glück hat, genießt lokales Florentiner-Food in einem Raum mit einer charmanten Holzbalkendecke, einem original Backsteinboden und einem riesigen Chianti-Fass, das in der Wand eingebettet ist.

31. SEMEL STREET FOOD

RESTAURANT • *Piazza Lorenzo Ghiberti 44*

Super gut und günstig noch dazu: Der perfekte Stopp nach einem aufregenden Besuch am Markt von St. Ambrogio beim „König" der Paninis. Die Auswahl ist klein, dafür extrem fein und mit erlesenen Zutaten.

32. L'ANTICO TRIPPAIO

RESTAURANT • *Piazza de Cimatori*
lanticotrippaio.com • +39 3 397 425 692

Am Kiosk „Lampredotto" essen – ein absolutes Muss in Florenz. Lampredotto sind Kutteln und waren früher ein sogenanntes „Arme-Leute-Gericht". Heute sind sie die Spezialität von Maurizio und Roberto, praktisch verpackt als Sandwich, hergestellt nach jahrhundertealtem Rezept. Eine exotische Delikatesse.

16.

40.

21.

24.

40.

BIANCAZEROZERO
LA PINSA ROMANA
25.

TRATTORIA
Boboli

La Strega Nocciola
40.

FORNO PINTUCCI
ALLA VECCHIA MANIERA
dal 1993

IL PAPIRO
IL PAPIRO

VERSTECKTES RESTAURANT

19. In Fabbrica

Via del Gelsomino, 99

DIE WELT DER DÜFTE:

45. Aquaflor Firenze

Borgo Santa Croce 6

33. DA NERBONE

RESTAURANT • Mercato Centrale

Da, wo die Locals am Mittag Schlange stehen, isst man am besten. Deshalb führt für uns auch kein Weg am Da Nerbone, dem ältesten Restaurant des Marktes, vorbei. Das Warten lohnt sich: Nirgendwo beißt es sich leckerer in ein Panini con Bollito als hier.

34. LA PIZZERIA SUD

RESTAURANT • Piazza del Mercato Centrale 3 • www.mercatocentrale.com/florence • +39 0 552 741 150

Phänomenale Pizza gibt es mitten im Mercato Centrale bei La Pizzeria Sud! Aber noch ein bisschen Platz lassen für die vielen Leckereien an den anderen Stände hier.

35. DITTA ARTIGIANALE

CAFÉ • Via dello Sprone 5
dittaartigianale.it • +39 0 550 457 163

Hier gibt es traditionelle italienische Kaffeekultur gepaart mit dem Flair eines modernen Coffeshops. Das Café ist auch super zum Frühstücken geeignet, was ja im schnellen italienischen Alltag der Großstadt sonst kaum Zeit findet.

36. BULLI & BALENE

CAFÉ • Via dello Sprone 14
+39 0 552 052 252

In dieser locker lustigen „Cicchetteria", an der gemütlichen Piazza della Passera, gibt es den besten Spritz der Stadt.

37. SANTAROSA BISTROT

CAFÉ • Lungarno di Santa Rosa
santarosabistrot.com • +39 0 552 309 057

Ein Lieblingsort unseres Locals Matteo ist dieses charmante Restaurant mit internationaler Küche, großer Terrasse und hübschem Garten zum Erholen.

38. CAFFÈ GILLI

CAFÉ • Via Roma 1 • gilli.it
+39 055 213 896

Seit 1733 wird im Caffè Gilli das schöne italienische Leben zelebriert. Durch die Kronleuchter, die Marmortische, die hohen Decken mit Stuck und die holzvertäfelten Wände entsteht eine ganz eigene charmante Welt. Für die Historie zahlt man allerdings: Die Preise sind horrend, die Qualität der Speisen nur mäßig. Wir empfehlen einen Espresso an der Theke, um den einzigartigen Ort zu erleben.

39. OBLATE CAFETERIA

CAFÉ • Via dell' Oriuolo 26
facebook.com/caffetteria.delleoblate
+39 0 552 639 685

Exklusive Lage, aber trotzdem mega entspannt und cool: Im obersten Stock in der Bibliothek eines ehemaligen Klosters gelegen, finden wir einen Panoramablick auf den Dom, der uns den Atem verschlägt – genauso wie die Terrasse, die leckeren Snacks und der preisgünstige Aperitif (immer dienstags). Regelmäßig finden Abende mit Livemusik statt.

40. LA STREGA NOCCIOLA

EISDIELE • Via de' Bardi 51
lastreganocciola.it • +39 0 552 382 150

Das ist Italien pur: Wir spazieren mit einem Eis in der Hand in Richtung Ponte Vecchio. Das geht wunderbar in der kürzlich eröffneten Gelateria La Strega Nocciola.

41. GELATERIA DELLA PASSERA

EISDIELE • Via Toscanella 15
gelaterialapassera.wordpress.com
+39 055 291 882

Eine Gelateria auf kleinem Raum, dafür mit viel Charme und Passion!

42. GELATERIA EDOARDO

EISDIELE • Piazza del Duomo 45r
edoardobio.it • +39 055 281 055

Diese Gelateria ist die erste zertifizierte Bio-Eisdiele der Toskana. Besonders süß: Die Eisdiele trägt nicht nur den Namen des Sohnes von Besitzerin Tiziana, auch eine Sorte ist nach ihm benannt: „Gianduia secondo Edoardo".

43. CARABÉ

EISDIELE • Via Ricasoli 60r
+39 055 289 476

Die Zitrusfrüchte für sein Eis lässt Antonio Carabé direkt von seiner Heimatinsel kommen. Alles andere hat ihm sein Großvater beigebracht. Unser Liebling: sizilianische Pistazie.

44. RIVE GAUCHE SHOES

SHOP • Via de' Guicciardini 31
rivegaucheshoes.com • +39 055 213 474

Wir schlendern durch Florenz und hier und da bleibt der Blick plötzlich auf einer Tasche oder einem Hut hängen. Bei Rive Gauche habe ich die allerschönsten cognacfarbenen Ledersandalen für Männer gefunden.

45. AQUAFLOR FIRENZE

SHOP • Borgo Santa Croce 6
aquaflor.it • +39 0 552 343 471

In dieser eindrucksvollen Parfümerie befindet sich auch das Labor für die sehr individuellen Düfte, die hier kreiert und ausgestellt werden. Zudem können online Touren durch das Atelier und Workshops gebucht werden.

46. BORSALINO

SHOP • Via Porta Rossa 40
borsalino.com • +39 3 755 798 819

Dieses legendäre Hutgeschäft liegt nördlich des Ponte Vecchio. Die Marke gibt es seit dm Jahr 1875.

47. COLTELLERIA BIANDA

SHOP • Via della Vigna Nuova 86
coltelleriabianda.it • +39 0 552 694 312

Neben dem modernen Shop von Mario Giusti befindet sich dieser traditionelle Laden für anmutige Messer und Klingen. Ein Messer aus Florenz ist beim Kochen zu Hause eine schöne Erinnerung.

ZEIT ZUM GENIESSEN:

52. Villa la Massa

Via della Massa 24

Ein schöner Tag wiegt einen schlechten Montat auf.

– aus der Toskana

ABENDLICHT GALORE:

53. Villa la Massa

Via della Massa 24

48. MARIO LUCA GIUSTI

SHOP • Via della Vigna Nuova 88
mariolucagiusti.com • +39 0 552 399 527

Hier gibt es farbenfrohe Glaskunst des gebürtigen Florentiners Mario Giusti, der die Familientradition weiterführt, die hier 1865 ihren Anfang gefunden hat. Ein tolles Geschenk für Freunde oder als Erinnerung an die Toskana.

49. LORETTA CAPONI

SHOP • Via delle Belle Donne 28
lorettacaponi.it • +39 055 213 668

Edle Tischdecken im klassisch italienischen Stil sind ein großartiges Mitbringsel aus der Toskana. Sie stehen symbolisch für Gastfreundschaft, Zusammenkunft, Familie und Genuss. Eine tolle Erinnerung an den Urlaub, die man hier im Laden bekommt.

50. OFFICINA PROFUMO-FARMACEUTICA DI SANTA MARIA NOVELLA FIRENZE

SHOP • Via della Scala 16
smnovella.com • +39 055 216 276

Hier können 400 Jahre Parfümerie-Tradition erlebt werden. In einem atemberaubenden Renaissance-Palast mit prunkvollem Interieur sind wir zunächst völlig erstaunt vom tollen Ambiente. Es handelt sich hierbei schon fast um einen Kultur-Tipp. Trotz angemessen hoher Preise findet man hier auch schöne Kerzen oder andere kleine Geschenke für zu Hause.

51. IL BUSSETTO

SHOP • Via Palazzuolo 136r
ilbussettofirenze.com • +39 055 290 697

Das Atelier von Giuseppe Fanara ist ein Traum von traditioneller, florentinischer Lederhandwerkskunst par excellence. Seit über 30 Jahren fertigt der Meister hier Modeaccessoires, Geldbörsen oder Schlüsselanhänger in echter Handwerksmanier. Alles Unikate.

52. VILLA CORA

HOTEL • Viale Machiavelli 18
villacora.it • +39 05 5228 790

In diesem luxuriösen und herrschaftlichen Fünf-Sterne-Hotel lässt es sich nächtigen wie ein Medici höchstpersönlich. Die Preise liegen auf einem entsprechenden Niveau, aber für einen besonderen Anlass gibt es keine schönere Residenz als diese. Die Villa thront zudem in sehr prominenter Lage direkt hinter den Boboli-Gärten.

53. VILLA LA MASSA

HOTEL • Via della Massa 24
villalamassa.com • +39 05 562 611

Die Renaissance-Villa stammt aus dem 16. Jahrhundert und diente als Palast der Medici, bevor sie in den 1950er-Jahren zu einem Fünf-Sterne-Hotel umgebaut wurde. Das paradiesische Anwesen liegt direkt am Arno und von den Zimmern, die teilweise eine kleine Terrasse besitzen, hat man einen unvergesslichen Ausblick auf den

Fluss. Vor dem Haus erstrecken sich weite, gepflegte Flächen mit Oliven-, Zitronen- und Apfelbäumen, Rosengärten und Zypressen. Im Innenhof befindet sich ein Pool – man wohnt hier höchst herrschaftlich und nur 15 Autominuten entfernt von Florenz. Wir lieben die Kontraste und so empfehlen wir, das Dinner in einem der authentisch Florentinischen Lokale zu genießen.

54. VALDIROSE

HOTEL *• Via Valdirose 35*
valdirose.com • +39 3 475 451 056

Zuerst Nachbarn, dann Freunde, dann Liebes- und Geschäftspartner: Irene und Paolo haben sich mit diesem charmanten B & B einen Traum mit sechs Zimmern erfüllt. Nur 15 Minuten von Florenz, inmitten von herrlichem Grün, unglaublichen Weiten, warmen Naturfarben, antiken Möbeln und einer Gastfreundschaft, die ihresgleichen sucht.

55. LA VINSANTAIA DI CAPEZZANA

AGRITURISMO *• Via Capezzana 43*
lavinsantaia.it • +39 3 349 499 402

Das Weingut ist in vielerlei Hinsicht ein toller Tagesausflug von Florenz. Sowohl die Kulinarik als auch der Ort selbst sind sehr lohnenswert. Während einer Tour auf dem Weingut bekommt man einen interessanten Einblick in die Weinproduktion und die Geschichte des Hauses. Von der traumhaften Terrasse hat man einen tollen Blick auf die hügelige Umgebung mit Olivenhainen und Zypressen. Die traditionelle toskanische Küche mit Produkten aus der eigenen Herstellung zum Lunch ist ebenso sehr zu empfehlen.

EIN ORT ZUM TRÄUMEN:

54: Valdirose

Via Valdirose 35

Ehemaliges Zentrum
der Textilindustrie.

4.2 Lucca

56. MAUERWALL VON LUCCA

KULTUR • *Sortita Porta S. Pietro*
turismo.lucca.it • +39 0 818 675 234

Der berühmte und überaus eindrucksvolle Mauerwall von Lucca wurde nach 137 Jahren Bauzeit 1650 fertiggestellt. Zweck dieses vier Kilometer langen Bollwerks war der Schutz gegen die umgebenden rivalisierenden Stadtgemeinden. Heute sind diese baumbestandenen Mauern das größte Highlight bei einem Besuch in Lucca, denn man kann hier herrlich mit dem Fahrrad fahren, spazieren und picknicken und hat dabei die historische Altstadt immer im Blick. Ein famoses Erlebnis!

57. PIAZZA DELL'ANFITEATRO

KULTUR • *Piazza dell'Anfiteatro*
turismo.lucca.it

Dieser unglaublich charmante Platz mit seinen gelben, alten Häuserfronten ist das heitere Herz von Lucca. Die ovale Form erinnert nicht nur an ein Amphitheater, hier stand früher sogar eines. Man mag es sich kaum vorstellen können, aber die Römer haben diesen Platz mit dem Amphitheater bereits im ersten und zweiten Jahrhundert erbaut. Heute isst man hier, trifft sich auf einen Aperitivo und feiert das Leben.

58. LUCCA CENTER OF CONTEMPORARY ART

KULTUR • *Via della Fratta 36*
luccamuseum.com • +39 0 583 492 180

Fantastisch! Dieses Museum bitte unbedingt besuchen: es bietet zeitgenössische, aufregende Kunst auf zwei Etagen inmitten der historischen Altstadt Luccas. Der ehrwürdige Palazzo Boccella lässt kaum erahnen, welch moderne Kunstausstellungen und Installationen sich im Inneren befinden. Wir lieben Kontraste, hier werden sie zur Kunstform erhoben. Neben Gemälden und Installationen werden auch Fotoausstellungen und Video-Künstler präsentiert.

59. TORRE GUINIGI

AKTIVITÄT • *Via Sant'Andrea*
turismo.lucca.it • +39 058 348 090

Den allerschönsten Ausblick haben wir von diesem 45 Meter hohen Turm, welcher der letzte seiner Art in Lucca ist. Auf seinem Dach wurde spätestens im 15. Jahrhundert ein hängender Garten angelegt, in dem sieben Steineichen wachsen, die im Sommer Schatten spenden.

60. PUCCINI MUSEUM

KULTUR • *Corte San Lorenzo 9*
puccinimuseum.org • +39 0 583 584 028

Das Puccini Museum befindet sich direkt neben der zentralen Piazza San Michele und zwar dort, wo Giacomo Puccini 1858 geboren wurde. Berühmtheit erlangte dieser unter anderem durch seine Opern „La Bohème" und „Madame Butterfly" – allerdings nicht in Lucca, sondern zunächst an der Mailänder Scala und im Teatro Regio in Turin.

61. SAN MICHELE IN FORO

KULTUR • Piazza San Michele
turismo.lucca.it • +39 058 353 576

Die Piazza San Michele ist neben der Piazza dell'Anfiteatro das Herz der Stadt. Hier kann man wunderbar auf den alten, vom Zahn der Zeit rund geschliffenen Stufen sitzen und den Musikern zuhören, die in der Loggia des Palazzo Pretorio regelmäßig spielen. Oder anders ausgedrückt: Hier kann man einfach das schöne Leben genießen.

62. OSTERIA DA PASQUALINO GUBITOSA

RESTAURANT • Via del Moro 8
dapasquale-lucca.com
+39 0 583 496 506

Inhaber Pasqualino Gubitosa lebt seine Leidenschaft in dieser exzellenten Weinbar! Er begeistert seine Gäste für Essen und Weine und erzählt die spannenden Geschichten, die damit verbunden sind. Die toskanische Küche in diesem urigen und gemütlichen Lokal ist ein absoluter Hochgenuss. Müssten wir uns entscheiden: Dies wäre zum Dinner unsere erste Wahl.

63. LUCCA IN TAVOLA

RESTAURANT • Via S. Paolino 130
+39 0 583 057 450

Dieses kleine unauffällige Restaurant mit der witzigen Pappfigur vor dem Eingang war unsere erste Anlaufstelle in Lucca. Es braucht nicht viel, um glücklich zu sein und so empfängt uns Inhaber Michele, als gehörten wir zu seiner Familie. Es mag etwas übertrieben klingen, aber ich bin im Moment seiner Umarmung gerührt. Es stellt sich heraus, dass seine Frau eine glanzvolle Köchin ist. Alle Gerichte, vom Oktopus, über die Pasta, bis zum Fleisch, waren ausgezeichnet. Während wir in der schmalen Gasse sitzen, spielen die Kinder Fußball. Viel mehr Italien geht nicht. Wir hätten die beiden gerne als Soulmates präsentiert, aber außer ihren Tipps konnten wir ihr Italienisch leider nicht verstehen.

64. GLI ORTI DI VIA ELISA

RESTAURANT • Via Elisa 17
ristorantegliorti.it • +39 0 583 491 241

Das Gli Orti di Via Elisa bietet alles, was man von einem italienischen Restaurant erwartet: viele Locals, ein Flair wie auf einer italienischen Familienfeier, herzhafte Pizza und saftige Steaks, dazu noch eine Portion Tiramisu. Was braucht es schon mehr, um glücklich zu sein? Eine Reservierung vielleicht. Kochkurse mit dem Küchenchef kann man hier ebenfalls buchen.

PARADIESISCH:

71. Locanda al Colle

Via La Stretta 231

65. SANTA CRISTINA ENOTECA

ENOTECA • *Piazza XX Settembre 2*
facebook.com/santacristina.enoteca
+39 3 478 838 329

Wenige Gehminuten von der Piazza San Michele liegt diese kleine, gemütliche Weinbar. Während das Konzept „Weinbar" in München und Paris gerade zum Trend wird, ist es in Italien aus dem Stadtbild schon längst nicht mehr wegzudenken. Persönlicher Service vom Inhaber, ausgezeichnete kleine Gerichte und eine tolle Weinkarte. Perfekt für ein nettes Dinner.

66. LA CREMA MATTA GELATERIA

EISDIELE • *Via Fillungo 178*
lacremamatta.it • *+39 0 583 952 012*

Etwas abgelegen, aber unweit vom Piazza dell'Anfiteatro liegt diese kleine sympathische Gelateria. Wir finden, es sollte in Italien an jeder Sehenswürdigkeit eine solche Eisdiele geben.

67. BUCCELLATO TADDEUCCI

CAFÉ • *Piazza San Michele 34*
buccellatotaddeucci.com
+39 0 583 494 933

Direkt an der Piazza San Michele gibt es diesen traditionellen Bäcker seit 1881. Der perfekte Ort, um das typische Lucca-Gebäck zu kosten: Buccellato di Lucca, ein Rosinenbrot mit Anisaromen.

68. FORNO A VAPORE AMEDEO GIUSTI

CAFÉ • *Via Santa Lucia 20*
facebook.com/PanificioGiusti
+39 0 583 496 285

Einfach dran vorbeigehen? Einfach unmöglich! Zu lecker duften das frische Brot, die Pizzaschnitten und die vielen anderen Leckereien dieser historischen Bäckerei. Unschlagbar: ihre Spezialität, die Focaccia! Von herzhaft deftig bis süß – die Auswahl ist groß.

69. PAN DI STRADA

CAFÉ • *Corso Garibaldi 34*
facebook.com/pandistrada
+39 0 583 391 240

Viel Liebe und Passion auf ganz kleinem Raum: Hier gibt es super leckere Sandwiches zum Mitnehmen.

70. TENUTA DI VALGIANO

AUSFLUG • *Via Valgiano 7* • *valgiano.it*
+39 0 583 402 271

Spätestens seit unserem letzten Besuch in Paris hat uns auch die Begeisterung für biodynamisch hergestellten Naturwein erfasst. Es ist umso schöner, wenn man erleben kann, wie dieser produziert wird. Den Prozess der Weinherstellung kann man sich in diesem Weingut auf sehr sympathische Weise erklären lassen. Die Anmeldung muss zuvor online erfolgen. Die Webseite ist sehr rudimentär, der persönliche Empfang dafür umso herzlicher.

71. LOCANDA AL COLLE

HOTEL • Via La Stretta 231
locandaalcolle.it • +39 0584 915 195

Das paradiesische Landhaus befindet sich an der Mittelmeerküste. Trotz seiner Lage ist es nur eine kurze Fahrt von Lucca, mit seinen kulturellen Schätzen, entfernt. Die neun Zimmer und drei Suiten sind in einem modern toskanischen Stil eingerichtet: erdige Farbtöne, weiße Holzbalken an der Decke und verzierte Fliesen im Bad. Durch jedes Fenster dieses Landhauses blickt man in die grüne Weite auf Olivenhaine und uralte Bäume. In der Küche beweist der Inhaber Gian Luca selbst sein exzellentes Können und serviert toskanische Gerichte in anspruchsvoller Weise und Ästhetik. Das vorzügliche Frühstück wird auf der Panoramaterrasse serviert. Der Pool krönt diesen tollen Urlaubsort.

5. Chianti
Chianti Classico + Siena

Malerische Landschaften, abgeschiedene Natur, fantastische Sonnenuntergänge, herrschaftliche Weingüter, Chianti Classico, traditionelle Osterias, liebevolle Agriturismos, historische Dörfer, Weinreben und sanfte Hügel, Zypressen, Olivenhaine, Supertoskaner

Interessante Orte:
San Gimignano, Siena, Greve, Radda

Sortierung der Spots entlang der dargestellten Route

„Die Architektur ist die Fortsetzung der Natur in ihrer konstruktiven Tätigkeit.“

– Karl Friedrich Schinkel

5.1 Chianti Classico

Marchesi
ANTINORI
NEL CHIANTI CLASSICO

72. ANTINORI NEL CHIANTI CLASSICO

WEINKELLEREI *• Bargino • Via Cassia per Siena 133 •*
antinorichianticlassico.it • +39 0 552 359 700

Die Weingüter der Familie Antinori befinden sich bereits in der 26. Generation in Familienbesitz. Um diesen Erfolg zu krönen, wurde eine spektakuläre, moderne Kathedrale von Architekten der Archea Associati in Florenz entworfen. Das Gebäude dient als Produktions- und Lagerstätte, als Restaurant und Weinbar sowie als Firmensitz. Es gehört zu den großen architektonischen Highlights der Region, ist absolut atemberaubend und fügt sich elegant in die Landschaft ein und überrascht im Inneren mit Kontrasten, Lichtspielen und gigantischen Dimensionen. Ebenso einzigartig und pionierhaft ist die Weinkultur der Familie, die unter Marchese Piere Antinori in den 1970er-Jahren alle offiziellen DOC-Regelungen ignorierte und den „Supertoskaner" erfand: Der Anteil weißer Rebsorten wurde reduziert und mit internationalen Rebsorten wie Cabernet Sauvignon und Cabernet Franc ergänzt. Eine revolutionäre Qualität der toskanischen Rotweine wurde damit ermöglicht.

ALLE 75.

73. OSTERIA DI PASSIGNANO

RESTAURANT • Badia A Passignano
Via Passignano 33
osteriadipassignano.com
+39 0 558 071 278

Von der eindrucksvollen Antinori-Kathedrale in Bargino sind es nur wenige Kilometer bis zur Abtei von Passignano und dem direkt danebenliegenden ausgezeichneten Sterne-Restaurant Osteria di Passignano, welches ebenfalls von der Familie Antinori betrieben wird. Schon der Weg hinauf zur alten Abtei malerisch schön und der Ausblick ist herrlich. Das Restaurant befindet sich in edel rustikaler Atmosphäre in den alten Kellergewölben. Die Gerichte sind traditionell toskanischer Natur und auf moderne Weise angerichtet.

74. LA GINESTRA

RESTAURANT • San Casciano in Val di Pesa • Via Malafrasca 216
laginestra.toscana.it • +39 0 558 248 196

La Ginestra liegt sehr zentral im Chianti. Bis nach Florenz und San Gimignano sind es nur kurze Strecken. Das Agriturismo ist sowohl als Restaurant als auch als einfache Unterkunft zu empfehlen. Hervorzuheben ist die biologische Landwirtschaft, die auch wunderbare Naturweine hervorbringt. Diese werden von den Gastgebern liebend gern erläutert und zur Verkostung angeboten.

75. FATTORIA VILLA SPOIANO

AGRITURISMO • Tavarnelle Val di Pesa
Strada Spoiano 2 • villaspoiano.com
+39 0 558 077 313

Die schweizer Familie Wäspi führt dieses Agriturismo seit über 30 Jahren und stellt Bio-Wein, Olivenöl und auch verschiedene Fleischprodukte selbst her. Auch wer nicht Übernachtungsgast in der aus dem 17. Jahrhundert stammenden Renaissance-Villa ist, kann hier freitags mit vorheriger Anmeldung das Weingut besichtigen und die Weine verkosten. Die Zimmer sind authentisch renoviert und mit antiken Möbeln ausgestattet. Es werden in der Villa auch Koch-, Mal- und Bildhauerkurse angeboten. Ein schöner Tagesausflug ist das nahe gelegene Barberino mit den zwei sehr authentisch leckeren Restaurants Osteria il Campanellino und Ristorante Triocco.

76. PODERE LE FORNACI

SHOP • Greve in Chianti • Via Citille 74
podereleforNaci.it • +39 0 558 546 010

Ein Tag auf der Bio-Farm zeigt, wie ausgezeichneter Ziegenkäse entsteht und Traditionen in die Moderne geführt werden. Käse-Degustation, Ziegenmelken und ganz viel schöne Natur- und Familienzeit inklusive. Unser Tipp: vorab eine Führung buchen!

DEN ALLTAG VERGESSEN:

77. Ancora del Chianti

Via Collegalle 12

77. ANCORA DEL CHIANTI

HOTEL • Greve in Chianti
Via Collegalle 12 • ancoradelchianti.it
+39 055 854 044

Hektik und Alltag – ach ja, was genau ist das nochmals? Bei Laura und Filippo vergessen wir fast, dass wir im Urlaub sind. Aufwachen in flauschigen Betten, Morgenspaziergänge durch Olivenhaine und Rosengärten – dazu ein Meer aus Sternen, das uns allabendlich bei sanftem Grillenzirpen in den Schlaf wiegt: Liebe ist … Ancora del Chianti.

78. VILLA BORDONI

HOTEL • Greve in Chianti
Via S. Cresci 31–32 • villabordoni.com
+39 0 558 546 230

Catherine und David Gardner haben hier mit viel Mühe, Gespür und Können ein paradiesisches Boutiquehotel erschaffen. Die Geschichte des Hauses reicht zurück bis ins 11. Jahrhundert, wobei der Name aus der ehemals wohlhabenden Florentiner Händlerfamilie Bodoni entstammt. 1782 wurde in den Weinbergen um die Villa erstmals ein Chianti Classico angebaut. Heute wird diese Tradition wieder durch das Weingut Monte-Ficali aufgegriffen, welches ebenfalls zum Haus gehört. Die Zimmer des Hotels sind wunderbar renoviert und bleiben dem Stil der Wohnungen wohlhabender toskanischer Familien aus dem 18. Jahrhundert treu: freistehende Badewannen, Kronleuchter, schwere verzierte Gardinen, Marmor, dunkles Holz und erdige Töne. Doch auch wer nicht als Gast im Haus übernachtet, kann das vorzügliche Restaurant besuchen. So oder so eine dringende Empfehlung und unbedingt frühzeitig buchen!

79. ANTICA MACELLERIA FALORNI

SHOP • Greve in Chianti
Piazza Giacomo Matteotti 66 • falorni.it
+39 055 853 029

Die wunderschöne Metzgerei aus dem Jahre 1806 ist mittlerweile schon ein Stück Kulturgut der Region. Die Tradition wird nun bereits in der achten Generation der Familie Falorni fortgeführt. Zur Mittagszeit gibt es eine kleine Auswahl an wechselnden Gerichten. Unser Tipp: alternativ einfach ein paar Kleinigkeiten für ein Picknick im Grünen einkaufen.

80. VITIGLIANO TUSCAN

HOTEL • Greve in Chianti
Via Case Sparse (Panzano) 64
vitigliano.com • +39 3 337 741 692

Diese traumhafte und luxuriöse Villa bietet Platz für 12 bis 16 Personen und kann nur als Ganzes gemietet werden. Kiyan and Marion Hattemer haben die Villa in herausragender Weise gestaltet und sind dafür vielfältig ausgezeichnet worden. Das intime und exklusive Erlebnis hat natürlich seinen Preis und liegt bei 3.900 Euro pro Nacht für 12 Personen.

81. RISTORO DI LAMOLE

RESTAURANT *• Greve in Chianti*
Via Lamole 6 • ristorodilamole.it
+39 0 558 547 050

Das Restaurant Lamole, von den beiden leidenschaftlichen Köchen und Inhabern Filippo und Paolo, gehört zu den besten Lokalen der Gegend und ist berühmt für seine große Weinauswahl. Die Sonnenuntergänge, von der Terrasse betrachtet, sind romantisch, die Menüs lassen sich auch zu Mittag genießen.

82. ENOTECA BALDI

ENOTECA *• Panzano In Chianti • Piazza Gastone Bucciarelli 26 • facebook.com/ enotecabaldi • +39 055 852 843*

Eine romantische Enoteca wie aus dem Bilderbuch: kleine, gemütliche Sitzgelegenheiten unter alten, originalen Deckenbalken und zwischen Weinregalen, Büchern und allerlei „Krimskrams". Hausgemachte Nudeln, selbst gebackenes Brot und richtig guter Vino.

83. SOLOCICCIA

RESTAURANT *• Panzano in Chianti*
Via XX Luglio 11 • dariocecchini.com
+39 055 852 020

Hier wird alles gegessen, was das Tier hergibt – von der Schnauze bis zum Schwanz (ja, wirklich!). Meist in geselliger Runde, dazu saisonales Gemüse, ganz viel natives Olivenöl und toskanisches Brot. Für experimentierfreudige Nicht-Vegetarier ist das Solociccia eine dringende Empfehlung. Für Vegetarier gibt es hier kaum mehr als ein gutes Glas Chianti. Absolutes Highlight ist allerdings der Inhaber selbst, Dario Cecchini, der hier das Bedienen zur Show erhebt.

84. QUERCETO DI CASTELLINA

AGRITURISMO *• Castellina in Chianti*
Via di Fronzano 9 • facebook.com/ QuercetodiCastellina • +39 0 577 733 590

Mitten zwischen den eigenen Weinbergen der Familie liegt dieses schöne und liebevoll gepflegte Agriturismo der charismatischen Inhaberin Laura Di Battista, die hier das schöne toskanische Leben zelebriert. Wer in diesem Refugium mit Pool, Panoramablick über die Weinberge und bezauberndem Frühstück übernachten möchte, sollte frühzeitig buchen. Die Zimmer sind toll renoviert, die Apartments haben eine eigene Küche und bieten Platz für bis zu neun Personen. Alternativ kann man auch einfach für eine vorzügliche Weinverkostung vorbeikommen.

85. ALBERGACCIO DI CASTELLINA

RESTAURANT *• Castellina in Chianti Via Fiorentina 63*
ristorantealbergaccio.com
+39 0 577 741 042

Das Familienrestaurant serviert elegante toskanische Küche und führte viele Jahre sogar einen Michelin-Stern. Der Stern ist gegangen, die ausgezeichneten Speisen in etwas schickerem Fine-Dining-Ambiente sind jedoch geblieben.

TRAUMHAFT:

80. Vitigliano Tuscan

Via Case Sparse (Panzano) 64

86. CASTELLO DI VOLPAIA

AGRITURISMO • Radda in Chianti
Volpaia • volpaia.com • +39 0 577 738 066

Volpaia bezeichnet eigentlich den historischen Ort aus dem 11. Jahrhundert, der alleine einen Umweg auf der Route nach Radda wert ist. Der idyllische Ort ist geprägt durch das Castello di Volpaia der Familie Stianti und die durch sie betriebene Weinproduktion, die zu den besten des Landes gehört. Zu dem Ort gehören verschiedene Villen und Apartments im rustikalen großzügigen Landhausstil, die gemietet werden können. Alle voll ausgestatteten Villen liegen in völliger Abgeschiedenheit im Grünen und haben sogar eigene Pools. Ein sehr privates Domizil mit viel historischem Flair, das auch unsere Soulmates, die Lo-Franco-Brüder sehr schätzen. Zudem werden hier Kochkurse und Weinverkostungen aus der hauseigenen Produktion angeboten. Wer nur für einen Ausflug herkommt, dem sei unbedingt das köstliche Restaurant *La Bottega di Volpaia* empfohlen.

87. ALBOLA CASTLE

AGRITURISMO • Radda in Chianti
Via Pian d'Albola 31 • albola.it
+39 0 577 738 019

Unweit vom pittoresken Ort Radda liegt dieses exklusive Castello, das für seine hervorragenden Weine auch bei unseren Soulmates aus Arezzo geschätzt wird. Täglich werden hier Weinverkostungen angeboten. Zudem verfügt das historische Anwesen aus dem 16. Jahrhundert über zwei traumhaft schöne Unterkünfte: die Villa le Marangole mit Platz für bis zu 12 Personen und die kleinere Villa Crognole mit eigenem Pool und Platz für bis zu sechs Personen.

88. LA BOTTEGA DI VOLPAIA

RESTAURANT • Radda in Chianti
Piazza della Torre 1
labottegadivolpaia.it • +39 0 577 738 001

Der Weg zu diesem sympathischen Familienrestaurant führt durch malerische Landschaften. Der Eingang geleitet den Gast durch einen bunten Garten auf die Sonnenterrasse mit erhabenem Blick auf die typisch toskanischen Zypressen. Die Küche ist ebenso typisch toskanisch: Bistecca Fiorentina, Pasta al Tartufo, Tiramisu und sonstige Freuden der Region. Im Dorf erzählt man sich, dass das Restaurant bereits seit 300 Jahren bestehe. Es handelt sich um einen absoluten Lieblingstipp der Gebrüder Lo Franco von der Fattoria La Vialla.

89. LA BOTTEGA DI GIOVANNINO

ENOTECA • Radda in Chianti
Via Roma 6 • labottegadigiovannino.it
+39 0 577 738 599

In dieser kleinen illustren Weinbar geht es laut und munter zu. Dein Wein fließt, die Pasta schmeckt nach Hausmannsart, der Schokokuchen ist eine Wucht und der Espresso italienisch cremig. Ganz und gar Italien.

90. CASA PORCIATTI

RESTAURANT • *Radda in Chianti*
Piazza IV Novembre 1-2-3
casaporciatti.it • +39 0 577 739 008

Die Familie Porciatti ist eine Institution in Radda und führt seit über 50 Jahren diese charmante Enoteca mit kleiner Weinbar in einem rustikalen, historischen Gebäude aus dem 14. Jahrhundert. Schöner Ort für ein paar kleine Gerichte zur Mittagszeit!

91. PIZZA PIE

RESTAURANT • *Radda in Chianti*
Via XX Settembre 3 • +39 0 577 738 758

In dieser kleinen hervorragenden Pizzeria sind die Tische meistens alle belegt. Zum Glück, denn so haben wir uns mit den riesigen Pizza-Kartons – wir lieben immer diese klassischen Motive auf dem Deckel – wenige Meter weiter an den Rand der Stadtmauer gesetzt. Dort gibt es viele Bänke und der Panoramablick auf die umgebende Landschaft ist pittoresk.

92. LO SDRUCCIOLO

EISDIELE • *Radda in Chianti*
Via XX Settembre 15 • +39 0 577 738 720

Hier gibt es das beste Eis in Radda! Ebenso perfekt für einen Kaffee.

93. L'EROICO

HOTEL • *Gaiole In Chianti*
Via G. Marconi 19 • eroicochianti.it
+39 3 894 862 285

Das L'Eroico ist für uns eine besonders schöne Überraschung. Monica Lapis ist die herzliche Inhaberin und passionierte Gastgeberin in diesem kürzlich eröffneten neuen Bed & Breakfast im Herzen des Chianti. Die Zimmer sind einfach und ganz frisch renoviert. Das große Staunen gibt es am Morgen: Monica ist seit den frühen Stunden in der Küche und zaubert ein herrliches Frühstück mit frisch gebackenen Kuchen, leckeren Croissants, Säften, Müsli und super Kaffee. Ihr Mann unternimmt Rennradtouren in der Region, man kann direkt vor der Tür starten. Die Zimmerpreise liegen bei unter 100 Euro, was für die Region ein tolles Angebot darstellt.

94. LA TAVERNA DI VAGLIAGLI

RESTAURANT • *Castelnuovo Berardenga • Via del Sergente 4 • facebook.com/latavernadivagliagli • +39 0 577 322 532*

Ein Geheimtipp unserer Soulmate Giulia, den sie bei einem Ausflug nach Siena entdeckte: ein rustikales und sehr sympathisches Restaurant mit ausgezeichnetem Essen, das vor allem bei Locals sehr geschätzt wird. Besonders schön ist der Holzkohlegrill, auf dem vor den Augen der Gäste das Bistecca Fiorentina gegrillt wird.

95. BORGO ARGENINA

HOTEL • Gaiole in Chianti
Locality Argenina • borgoargenina.it
+39 3 453 537 673

Von Siena aus sind es nur etwa 20 Minuten mit dem Auto bis zu dem liebevollen B & B von Gastgeberin Elena mitten in den Weinbergen des Chianti. Elena kennt tolle Tipps in der Region, bietet persönlich Kochkurse mit ihren eigenen Familienrezepten an und organisiert Weinverkostungen. Zur Auswahl stehen sieben charmant eingerichtete Zimmer und zwei kleine Villen mit eigener Küche. Ein sehr authentisches Versteck!

96. BANCHELLI ENZO

SHOP • Montevarchi • Via Roma 96
drogheriabanchelli.it • +39 055 980 479

Cristina und Carlo führen diesen wunderschönen Drogerieladen, der im Jahre 1953 eröffnet wurde. Und genau in diese Zeit fühlt man sich zurückversetzt, wenn man die Ladentür durchschreitet. Verkauft werden allerlei Köstlichkeiten: Marmeladen und Süßigkeiten, Tee und Kaffee sowie natürlich Wein und Champagner.

97. PASTICCERIA F.LLI BONCI

CAFÉ • Montevarchi
Via A. Vespucci 101 • pasticceriabonci.it
+39 055 981 225

Hinter der untypisch modernen Fassade verbirgt sich traditionelles Bäckerei- und Konditorei-Handwerk seit 1953. Gegründet wurde der Laden von den Gebrüdern Bonci, die das Rezept zu dem berühmt gewordenen und mit Auszeichnungen versehenen „Betrunkenen Kuchen“ erfunden haben. Außerdem gibt es hier den besten Panettone der Region.

98. TENUTA LUPINARI

AGRITURISMO • Bucine
Località i Lupinari • lupinari.com
+39 0 559 911 537

Viele stimmen unserem Soulmate Marco zu, dass der Tenuta Lupinari zu seinen Lieblingsadressen für großartigen Naturwein und ausgezeichnete toskanische Küche zählt. Das herrschaftliche Anwesen ist umgeben von Weinbergen und Olivenhainen und ein toller Rückzugsort. Die Zimmer sind gemütlich im traditionellen italienischen Landhausstil eingerichtet. Die Apartments haben eine eigene Terrasse und Küche und sind perfekt für Familien.

99. OSTERIA LA BOTTEGA DI DUDDOVA

RESTAURANT • Duddova • Via Piave 17
borgovallesanta.com • +39 3 337 143 433

Auf dem Weg nach Duddova zweifeln wir, ob sich der lange Umweg in dieses Restaurant lohnen würde. Das Zweifeln ist allerdings unberechtigt, denn Duddova ist zu einem unserer absoluten Lieblingsplätze geworden! Dort angekommen empfängt uns die Familie mit Herzlichkeit und italienischer Lebendigkeit: Der Sohn deckt schnell den Tisch, der Vater holt einen großen Sonnenschirm, die Mutter regiert in der Küche. Das kleine malerische Dorf liegt völlig abgeschieden vom Tourismus und ist daher umso schöner. Die Kinder spielen auf der Straße Fußball, während wir in der Sonne das Leben und den Wein genießen. Das Essen ist ausgezeichnet. Besonders hervorzuheben sind die unglaublich köstlichen Pici, die hier von Mama selbst handgerollt werden. Die extra Wartezeit für diese lokale Köstlichkeit aus der Toskana lohnt sich. Anschließend empfehlen wir einen kleinen Spaziergang durch das Dörfchen. Wer direkt bleiben möchte, fragt in der Osteria nach freien Zimmern.

91.

99.

93

99.

FAMILIÄRE GASTFREUNDSCHAFT:

99. Osteria La Bottega di Duddova

Via Piave 17 · Duddova

„Was für ein herrliches Leben hatte ich! Ich wünschte nur, ich hätte es früher bemerkt.“

– *Colette*

5.2 Siena

*„Siena –
eine der schönsten
Städte Italiens.“*

Die Schönheit der Dinge
lebt in der Seele dessen,
der sie betrachtet.

– David Hume

100. PIAZZA DEL CAMPO

KULTUR • *Il Campo*

Die Piazza del Campo wurde erstmals im Jahre 1169 erwähnt und ist das Symbol der Stadt und weltweit berühmt für das Pferderennen „Palio di Siena", welches hier zweimal jährlich auf dieser einzigartigen, leicht abschüssigen Piazza stattfindet (2. Juli und 16. August). Das Rathaus (erbaut 1297) befindet sich am unteren Ende des Platzes und somit musste der dazugehörige Turm „Torre del Mangia" (erbaut im 13. Jahrhundert) umso höher gebaut werden (102 Meter), damit er die gesamte Stadt überragt. Der Turm hat allerdings exakt die gleiche Höhe wie der Dom, was die gleichgestellte Gewaltenteilung zwischen Kirche und Staat repräsentieren sollte. Der Turm, mit seinen mehr als 400 Stufen, bietet einen wunderbaren Ausblick über Siena. Im Rathaus befindet sich zudem das Stadtmuseum.

101. PALAZZO SALIMBENI

KULTUR • *Piazza Salimbeni 1*

In diesem imposanten gotischen Palast wurde 1472 die älteste noch existierende Bank der Welt gegründet – Monte die Paschi di Siena. Leider lässt sich das Ganze nur von außen betrachten.

102. KEY LARGO

AKTIVITÄT • *Via Rinaldini 17*
facebook.com/keylargosiena
+39 3 208 736 633

Nirgendwo in Siena hat man einen besseren Blick auf die Piazza del Campo als auf diesem einfachen Balkon des Key Largo! Den Aufgang findet man nur etwas umständlich, aber einfach den anderen hinterhergehen.

103. DOM VON SIENA

KULTUR • *Piazza del Duomo 8*
operaduomo.siena.it • *+39 0 577 286 300*

Der Dom von Siena ist von überwältigender Schönheit! Von außen leuchtet die charakteristische Fassade aus dunkelgrünem und weißem Marmor und beim Betreten fühlen wir uns unendlich klein. Zuerst entdecken wir den einzigartig kunstvollen Mosaikboden aus farbigem Marmor, der auf 56 Feldern verschiedene biblische Szenen darstellt. Dann wandert unser Blick zur gigantischen sechseckigen Kuppel, die 1264 vollendet wurde. Wir wandern die Hallen entlang und staunen. Unterhalb des Doms befindet sich zudem das Baptisterium (Battistero di San Giovanni) mit dem berühmten Renaissance-Taufbecken und den imposanten Deckenmalereien.

104. FACCIATONE

KULTUR • Piazza del Duomo
operaduomo.siena.it

Die unvollendete Fassade des „Duomo Nuovo“ ist auf den ersten Blick wenig eindrucksvoll. Die spannende Hintergrundgeschichte lässt uns jedoch erstaunen: 1339 wurde beschlossen, den bestehenden Dom in einer gigantischen Dimension zu erweitern, um den konkurrierenden Dom in Florenz und sogar den Petersdom in Rom zu übertreffen. Der bestehende Dom hätte dabei als Querschiff genutzt werden sollen. Die unvollendete Fassade sowie das Nordseitenschiff deuten die riesige Dimension des Plans an. Wegen der Pest von 1348, einer Wirtschaftskrise und baulichen Problemen wurde das Vorhaben 1357 eingestellt.

105. SALEFINO WINE AND CUISINE

RESTAURANT • Via degli Umiliati 1
salefino-siena.com • +39 0 577 287 224

Nicht ganz günstig, aber jeden Euro wert! Weshalb? Weil hier traditionelle Gerichte neu interpretiert werden, die Weinkarte exzellent ist und wir Aromen schmecken, die wir so noch nicht kannten. Tolle kreative Küche auf Sieneser Art, ein Lieblingsort unserer Soulmate Giulia.

106. OSTERIA LA SOSTA DI VIOLANTE

RESTAURANT • Via Pantaneto 115
lasostadiviolante.it • +39 057 743 774

Rustikale traditionelle Osteria mit sagenhaft leckeren Pici! Der Service ist familiär, die Gastgeber sind insgesamt mit äußerst viel Liebe am Werk. Vom köstlichen Steak träumen wir noch Tage später und unsere Kinder möchten auch heute noch am liebsten in ihrer Apfel-Wallnuss-Torte mit warmer Sahne baden.

107. TAVERNA DI SAN GIUSEPPE

RESTAURANT • Via Giovanni Duprè 132
tavernasangiuseppe.it • +39 057 742 286

Ein legendäres toskanisches Restaurant in rustikalem, aber stilvollem Ambiente, das du erleben musst! Wir selbst haben nicht reserviert und haben tatsächlich – wie viele andere – keinen Tisch bekommen. Nichtsdestotrotz konnten wir uns von der ausgezeichneten Qualität der Küche und dem hervorragenden Service überzeugen. Zudem vertrauen wir natürlich unseren Soulmates, die uns diesen Tipp verraten haben. Vermutlich das beste Restaurant in Siena, also bitte: unbedingt vorab reservieren!

108. PASTICCERIA BUTI SIENA

CAFÉ • Viale Vittorio Emanuele II 53
pasticceriabuti.it • +39 057 740 464

Schon einmal einen original Caramellato versucht? Nein? Dann wird's Zeit! Am besten in der Pasticceria Buti, die für ihr süßes Traditions-Gebäck landesweit bekannt ist. Auf was die Familie stolz ist? Das Original-Rezept wird seit Generationen vom Vater an den Sohn weitergegeben.

109. TE KE VOI?

CAFÉ • Vicolo S. Pietro 4 • tekevoi.com
+39 057 740 139

„Was willste haben?“ Einfache Frage, klare Antwort von uns: gutes Essen, schnell auf dem Tisch und glückliche Gesichter. Die gute Nachricht: All das bekommen wir hier in Form von köstlichen Salaten, Pasta, Risottos, Pizzas oder Burgern. Finden unsere Kids super, viele Locals und Studenten auch.

110. TORREFAZIONE FIORELLA

CAFÉ • Via di Città 13 • facebook.com/ caffetteriafiorella • +39 3 771 867 228

Für alle, die Kaffee im Blut haben: Den besten der Stadt trinkt man hier. Von Capucciono, Mochaccino oder Macchiato bis zu Caffè Latte, Eiskaffee oder Caffè Marocchino – die Auswahl ist schier endlos, die Strohhalme sind lang und die Sahnehauben mächtig.

111. GINO CACINO DI ANGELO

CAFÉ • Piazza Mercato 31
+39 0 577 223 076

Ein Stückchen Käse probieren, etwas von der Salami schnabulieren – und dann alles einpacken lassen und mitnehmen für die Fahrt! Zugegeben, unser italienischer Picknick-Korb platzt nach einem Einkauf bei Gino Cacino di Angelo aus allen Nähten. Macht aber nix, schließlich sind wir im Urlaub.

112. TENUTA DI MENSANELLO

AGRITURISMO • Colle di Val D'Elsa
Località Mensanello 34 • mensanello.com
+39 0 577 971 080

Die Farm stammt aus dem 18. Jahrhundert und war in den 1990er-Jahren eine der ersten Agriturismos in Italien. Neben Wein, Olivenöl und Getreide wird ebenso ein eigenes Bier gebraut. Die Zimmer sind sehr einfach und spartanisch gehalten. Das Restaurant, in dem mit den hauseigenen Bio-Zutaten gekocht wird, ist empfehlenswert, auch für Nicht-Übernachtungsgäste.

AUF ENTDECKUNGSTOUR:

Mittelalterlicher Charakter der italienischen Gotik

in Siena

107.

107.

BESTER AUSBLICK AUF DEN CAMPO:

102. Key Largo

5.3 San Gimignano

113. PIAZZA DEL DUOMO

KULTUR • *Piazza Duomo*

Die Piazza del Duomo ist das historische Zentrum der Stadt. Wir lieben es, hier auf den kleinen Stufen neben dem Foto-Geschäft zu sitzen (hier gibt es schöne Schwarz-Weiß-Motive als Geschenk für zu Hause). Wir haben hier direkten Blick auf den Dom, das Rathaus und die Zwillingstürme. Direkt daneben befindet sich die Piazza del Cisterna. Hier fuhr schon einst der Vater unserer Soulmate Giulia mit seinem Fiat 128 vor, um Giulias Mama zu beeindrucken. Heute ist das allerdings undenkbar bei den Mengen an Touristen, die den Platz füllen.

114. GALLERIA CONTINUA

KULTUR • *Via del Castello 11*
galleriacontinua.com • +39 0 577 943 134

Die Galerie Continua zeigt Ausstellungen der Gegenwart und spielt dabei auf hochkarätigem internationalen Niveau. Gegründet im Jahre 1990 in einem ehemaligen Kino, steht die Galerie im radikalen Kontrast zur scheinbar zeitlosen historischen Stadt San Gimignano. Ein Besuch in dieser Galerie darf ebenso wenig fehlen wie der Blick von einem der vielen Türme der Stadt.

115. PUNTO PANORAMICO

AKTIVITÄT • *Via Degli Innocenti 3*

In San Gimignano herrscht reger Trubel in den engen Gassen. Hier draußen außerhalb der Stadtmauer ist es ruhiger. Es ist der perfekte Ort, um sich auf die Natursteinmauer zu setzen und den Panoramablick auf die typisch hügelige Landschaft zu genießen.

116. FATTORIA POGGIO ALLORO

AGRITURISMO • *Via Sant'Andrea 23*
fattoriapoggioalloro.com
+39 0 577 950 153

Der absolute Traum eines toskanischen Restaurants: Wir sitzen auf der Terrasse und haben den perfekten Blick auf die Silhouette von San Gimignano. Das familiengeführte Agriturismo hat einen herzlichen Service, fantastisches Essen und tollen Wein. Nicht umsonst wird es von allen unseren Soulmates empfohlen! Wer seinen Tag in San Gimignano früh beginnt, kommt zur perfekten Zeit hier zum Mittagessen an. Die Fattoria wird mit viel Engagement betrieben, so gibt es hier neben selbst gekelterten Wein, eigener Pasta und Olivenöl, sogar das Fleisch aus der eigenen Zucht. Diese Qualität und Nachhaltigkeit schmeckt man auf dem Teller. Farm-to-Table im wahrsten Sinne.

117. OSTERIA DEL CARCERE

RESTAURANT • *Via del Castello 13*
+39 0 577 941 905

Wer nicht zum Mittagessen zur Fattoria Poggio Alloro fahren möchte, dem empfehlen wir die Osteria del Carcere. Schon der unprätentiöse Eingang sieht sehr verlockend und vielversprechend aus. Kein Wunder, denn es handelt sich hierbei auch um einen Geheimtipp unserer Soulmate Giulia. Besonders zu empfehlen sind die Suppen. Allerdings kann man auch verschiedene Gerichte zum Teilen bestellen. Die Schinken-Käse-Bretter sind natürlich wie vielerorts ebenfalls ausgezeichnet.

118. GELATERIA DONDOLI

EISDIELE • Piazza Della Cisterna 4
+39 0 577 942 244

Im 16. Jahrhundert brachte Catarina de Medici das Speiseeis an den französischen Hof und begründete eine neue kulinarische Ära. Sergio Dondoli wurde 2007 zum Weltmeister der Eismacher gekürt. Seitdem ist seine Eisdiele berühmt und das Eis nach wie vor grandios. Die Warteschlangen sind natürlich ziemlich lang, aber so gehört es sich für einen „campione mondiale dei gelatieri". Wer nicht warten will, geht gegenüber zur Gelateria Dell' Olmo – ebenfalls spitzenmäßiges Eis, aber eben ohne Weltmeistertitel.

119. DA I' MARIANI

CAFÉ • Via di Quercecchio 19
+39 3 382 334 399

Der leidenschaftliche Inhaber Gianfranco betreibt die vermutlich kleinste Weinbar in San Gimignano und wirkt immer sehr konzentriert, wenn er mit Liebe und Können die ausgezeichneten Antipasti-Bretter mit Schinken, Salami und Käse anrichtet sowie den passenden Wein dazu empfiehlt. Die Ernsthaftigkeit schmeckt man und das macht das Lokal zu einer dringenden Empfehlung. Unser Tipp: Am besten am späten Nachmittag kommen, wenn weniger los ist.

120. CAFFÈ GIARDINO

CAFÉ • Viale Roma 17 • facebook.com/caffegiardinosangimignano
+39 05 771 658 190

Wir finden: Hier gibt es den besten Cappuccino in San Gimignano. Die besten Orte sind oft etwas abseits der üblichen Pfade. Deshalb findet ihr dieses Café etwas außerhalb der Tore von San Gimignano. Zudem gibt es hier sensationelle Crostoni – überbackene Brotscheiben mit allerlei köstlichen Zutaten.

121. POGGIO DI CAMPORBIANO

AGRITURISMO • Gambassi Terme
Localita' Camporbiano 8
poggiodicamporbiano.it
+39 0 571 678 030

Bei Poggio di Camporbiano handelt sich um nichts Geringeres als die Lieblings-Käsefarm unserer Soulmate Giulia. Milch, Käse, Mehl, Brot, Saisongemüse, Öl oder Honig, hier ist nicht nur alles super lecker, sondern so richtig echt bio! Unser Tipp: unbedingt einen Stopp machen und sich im Hofladen mit frischen, selbst hergestellten Bioprodukten eindecken. Besonders toll für die Kids: den Tieren beim Fressen zuzusehen.

D O M
FAMILIÆ PERONIA
SEPVLCRVM
VTINAM PLACIDE QVIESCANT
EOR OSSA ET EXVLTENT
EOR ANIMA IN SABATHO
IMPERMVTABILI

RISTORANTE
STELLA

AUF ENTDECKUNGSTOUR:
Piazza della Cisterna
in San Gimignano

„Mittelalterliches Manhattan – Stadt der Türme.“

– San Gimignano, UNESCO Weltkulturerbe, Blick von 116. Fattoria Poggio Alloro

122. VILLA LENA

HOTEL & ARTISTS IN RESIDENCE • *Toiano*
Strada Comunale di Toiano 42 • villa-lena.it

Hier ist es so schön, wir wären am liebsten den ganzen Sommer geblieben! Die Villa liegt abseits von den klassischen Zielen wie Siena und San Gimignano und überzeugt daher mit einem ganz eigenen Charme: herzliches Personal, tolle Kochkurse und Trüffelexpeditionen im Herbst, Pizza-Nächte und eine sensationelle Poolbar, die lockeren, ungezwungenen Dinner-Menüs, aber vor allem eine Gemeinschaft von Gleichgesinnten und inspirierenden Menschen. Der Mix an internationalen Künstlern, Familien und Gruppen von Freunden macht diesen Ort aus. Das Anwesen ist groß und so finden Begegnungen erst flüchtig statt. Beim wiederholten Treffen entstehen interessante Gespräche. Das gewagte und ungewöhnliche Konzept aus Artist-in-Residence und Boutique-Hotel funktioniert. Hervorzuheben ist der gelungene Stilmix: Das Restaurant und der Pool beeindrucken mit modernem hippen Interieur, die alte unrenovierte Rennaissance-Villa (in der die Künstler wohnen) erweckt Sehnsüchte und Träume. Die Zimmer und Apartments kommen im Landhausstil authentisch toskanisch daher und sind in Größe und Ausstattung sehr unterschiedlich. Unser Tipp: unbedingt vorher online genau anschauen.

ALLE 122.

123. PIAGGIO MUSEUM

MUSEUM • Pontedera • Viale Rinaldo Piaggio 7 • museopiaggio.it +39 058 727 171

Das beliebte Museum befindet sich in der ehemaligen Werkzeughalle der berühmten Piaggio Fabrik in Pontedera. 2018 wurde das Museum neu renoviert und erzählt die spannende Geschichte des Kultunternehmens. 1884 wurde das Unternehmen als Holzlager zum Zwecke des Schiffbaus gegründet. Nachdem es in der weiteren Historie zum Eisenbahnbau und dann zum Flugzeugbau wechselte, fand es seine wahre Bestimmung erst nach dem Zweiten Weltkrieg in der Produktion von Motorrollern, mit denen es weltweites Prestige erlangte. Hier werden über 250 der schönsten Exemplare ausgestellt und neben der berühmten Vespa-Kollektion stehen hier auch die Marken Aprillia und Moto Guzzi, die zum gleichen Haus gehören.

124. SAVINI TARTUFI

SHOP • Montanelli • Piazza Corradino D'ascanio • savinitartufi.it

Für den Herbst eine dringende Empfehlung unserer Soulmate und leidenschaftlichen Köchin Giulia: gemeinsam mit Herrn Romano und seinen Spürhunden Grinta, Zara und Cristiano in den Wald zur Trüffelsuche ziehen. Das Geschäft besteht bereits in der dritten Generation. Mit der Erfahrung kommt auch das Wissen über die allerbesten Stellen für die schönsten Trüffel. Das zahlt sich aus, denn die Familie Savini hält den Rekord für den in 2007 größten jemals gefundenen Trüffel mit einem Gewicht von etwa eineinhalb Kilogramm. Der Erlös des Fundstücks wurde großzügigerweise gespendet.

125. TERME DI CASCIANA

AKTIVITÄT • Casciana Terme • Piazza Garibaldi 9 • termedicasciana.com +39 058 764 461

Die Toskana besitzt viele Thermalbäder, deren warmes Quellwasser reich an Mineralien ist und somit gut für Haut und Geist sein soll. Am liebsten sind uns die Bäder in der freien Natur, wie die *Terme di Petriolo* oder die wunderbare *Terme di Saturnia*. Wer in der Villa Lena zu Gast ist, dem bietet sich die Terme di Casciana an – nicht in der Natur, dafür liegt zum Mittagessen das leckere Restaurant Atutt'Antipasto nur 300 Meter weiter in der Via L. Magnani 24.

„*Ein Paradies für Künstler und Kreative.*“

– Villa Lena

Pasta Tartufo

Pasta mit schwarzen Trüffeln ist eines
der traditionellen Gerichte in der Toskana.
Rezept:
250 g Tagliatelle
80 g schwarzer oder weisser Trüffel (je nach Saison)
100 g Butter
50 g Parmesan am Block, frisch gerieben

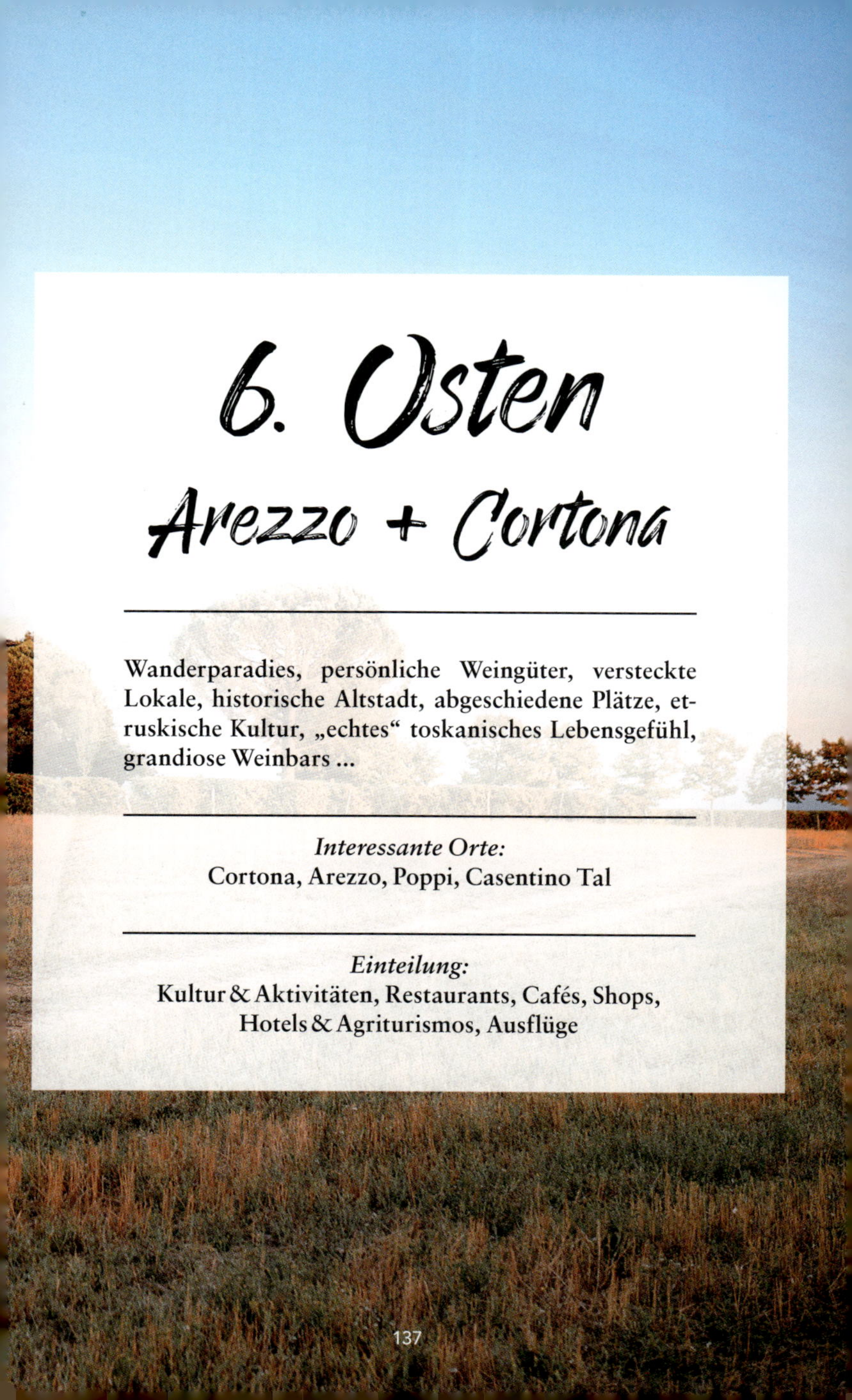

6. Osten

Arezzo + Cortona

Wanderparadies, persönliche Weingüter, versteckte Lokale, historische Altstadt, abgeschiedene Plätze, etruskische Kultur, „echtes“ toskanisches Lebensgefühl, grandiose Weinbars ...

Interessante Orte:
Cortona, Arezzo, Poppi, Casentino Tal

Einteilung:
Kultur & Aktivitäten, Restaurants, Cafés, Shops, Hotels & Agriturismos, Ausflüge

6.1 Arezzo

126. BASILIKA SAN FRANCESCO

KULTUR • *Piazza S. Francesco*

Die größte sakrale Sehenswürdigkeit ist die Basilika San Francesco mit den berühmten Fresken des Piero della Francesca. In Arezzo lassen sich solche Stätten im Vergleich zu Siena oder San Gimignano in ungeahnter Ruhe und Intimität erkunden, also viel Vergnügen.

127. KATHEDRALE VON AREZZO

KULTUR • *Piazza Del Duomo 1*

Die gotische Kathedrale wurde zwischen 1278 und 1511 auf Geheiß von Papst Innozenz III. errichtet. Die Gelder für den Bau wurden von Papst Gregor X. gestiftet, als dieser auf einer Reise hier in Arezzo starb. Somit befindet sich sein Grab innerhalb des Doms.

128. FORTEZZA MEDICEA

KULTUR • *Viale Bruno Buozzi*

Die alte Medici-Festung aus dem 16. Jahrhundert wurde erst kürzlich renoviert und bietet einen herrlichen Blick auf Arezzo und die Umgebung. Ein Lieblingstipp unserer Soulmate Céline. Hier werden auch immer wieder interessante wechselnde Ausstellungen gezeigt.

129. PIAZZA GRANDE MIT SANTA MARIA DELLA PIEVE

KULTUR • *Corso Italia 7*

Der historische Hauptplatz und heutiges Zentrum von Arezzo – die Piazza Grande – wird geprägt durch die Kirche Santa Maria della Pieve, die aus dem 12 Jahrhundert stammt und deren Vorgängerbau sogar bis ins 10. Jahrhundert zurückreicht. Auf der Piazza Grande finden alle zwei Jahre die mittelalterlichen Ritterspiele „Saraceno" statt (immer in den ungeraden Jahren).

130. ANTIQUE FAIR AREZZO

AKTIVITÄT • *Piazza Grande*
fieraantiquaria.org

Jeweils am ersten Wochenende des Monats findet der Fiera Antiquaria, der Antikmarkt, in Arezzo statt. Dann sind die Gassen und Plätze der Altstadt mit antiken Möbeln, Werkbänken und Kuriositäten bestückt. Eine besondere Empfehlung unserer Soulmate Céline.

131. INSIDE

BAR • *Corso Italia 9*
facebook.com/InsideArezzo

Die kleine Bar ist besonders beliebt bei Locals. Im Sommer kann man hier schön draußen sitzen und hat direkten Blick auf die uralten Mauern der Kirche Santa Maria delle Pieve aus dem 10. Jahrhundert.

132. TERRA DI PIERO

ENOTECA • Piazza S. Francesco 3
terradipiero.com • +39 0 575 333 182

Am besten wie die Locals, die Aretini, ein Glas Wein in der Weinbar holen, sich auf die Treppen der Kirche setzen und das schöne Leben genießen.

133. OCTAVIN

RESTAURANT • Scalinata Camillo Berneri 2 • octavin.it • +39 0 575 343 521

Das Octavin ist in Arezzo ein Highlight in Sachen Naturwein und Fine Dining. Chefkoch Luca Fracassi kocht in seinem kleinen Restaurant raffinierte und moderne toskanische Küche, die auch sehr schön anzuschauen ist.

134. RISTORANTE LAPIEVE

RESTAURANT • Corso Italia 7
lapieveristorante.it • +39 05 751 481 622

Die Gebrüder Lo Franco loben in höchsten Tönen dieses kleine schicke Restaurant am zentralen Corso Italia direkt neben der historischen Kirche. Der passionierte Inhaber ist zugleich der Koch und ausgezeichneter Sommelier.

135. LA FORMAGGERIA

RESTAURANT • Via de' Redi 16
facebook.com/formaggeriaderedi
+39 0 575 403 583

Sympathisches kleines Restaurant mit einem Faible für Fischgerichte in verschiedensten Variationen. In regelmäßigen Abständen spielen abends Jazz-Musiker live.

136. 'O SCUGNIZZO

RESTAURANT • Via de' Redi 11
facebook.com/oscugnizzo.arezzo
+39 0 575 333 300

Hier gibt es die beste Pizza in Arezzo!

137. RISTORANTE IL CANTUCCIO

RESTAURANT • Via della Madonna del Prato 76 • il-cantuccio.it
+39 057 526 830

Hier gibt es die beste Trüffelpasta in Arezzo und man bekommt auch spontan ohne Reservierung einen Tisch. Ganz in der Nähe ist auch die leckere Gelateria Sunflower.

138. VINERIA AL 10

ENOTECA • Piazza di S. Giusto 10
donadeimonti.it • +39 05 751 824 566

In dieser Weinbar trinkt unser Soulmate Marco am liebsten seinen Aperitivo. Auch perfekt für einen kleinen Gang vorab.

GEHT IMMER:
Antikmarkt
in Arrezo

Antica Bottega Toscana
PRODOTTI TIPICI TOSCANI!
SALUMI
CINTA SENESE
TARTUFO FRESCO
TARTUFO LOCALE FRESCO
SALE AL TARTUFO
Pasta
SALSICCE
DI
ALLA
VINACCIA
PANINI
E
BIBITE

139. LA TAGLIATELLA DI CRISTINA

RESTAURANT • *Viale Giotto 45*
facebook.com/latagliatella.dacristina
+39 057 521 931

Ein grandioser Lieblinstipp unserer Soulmate-Geschwister Lo Franco! La Tagliatella di Cristina ist perfekt für modern interpretierte toskanische und lokale Küche in schickerem Ambiente. Das Restaurant gehört Cristina und die hervorragende Weinauswahl stammt von ihrem Sohn Cristiano Cini, einer wahren Größe unter den italienischen Sommeliers. Am besten vorher noch einen Aperitivo bei Vineria Al 10.

140. OSTERIA DA GIOVANNA

RESTAURANT • *Via Anconetana 164*
dagiovanna.com • +39 0 575 360 153

Bei diesem Geheimtipp sind sich unsere Locals Céline und Marco einig: die beste Adresse für traditionelle toskanische Küche, das beste Bistecca Fiorentina und eine sensationelle Weinauswahl.

141. CAFFÈ DEI COSTANTI

CAFÉ • *Piazza San Francesco 19*
caffedeicostanti.it • +39 05 751 824 075

Das Café liegt direkt an der wunderschönen Piazza San Francesco, auf der viele Szenen aus dem oscargekrönten Film „Das Leben ist schön“ gedreht wurden. Das Café ist perfekt für einen Aperol-Spritz im Sonnenschein und ein toller Ort, um das Leben und Treiben in Arezzo zu beobachten.

142. GELATERIA SUNFLOWER

EISDIELE • *Piazza S. Francesco 11*
facebook.com/gelateriasunflower
+39 3 384 161 464

Céline und viele andere finden, dass die Gelateria Sunflower die beste Eisdiele der Toskana ist! Nach der Trüffel-Pasta im Il Cantuccio also einfach über die Piazza Guide Monaco zum Dessert laufen. Die Zutaten werden hier täglich frisch verarbeitet. Wer früh kommt, hat die Qual der Wahl. Pistazie ist allerdings immer ein Muss! Und Erdbeere. Und Limone.

143. CAFFETTERIA SANDY

CAFÉ • *Via Giuseppe Garibaldi 67*
sandy.it • +39 057 528 995

Der perfekte Start in den Tag mit einem exzellenten Kaffee und stilecht mit einem Cornetto. Von hier unbedingt zur schönen Piazza Sant’Agostino spazieren und mit einem Bummel durch die Corso Italia verbinden.

144. SUGAR

SHOP • Corso Italia 60 • sugar.it
+39 0 575 354 631

Dieser grandiose Concept Store verschlägt uns wahrlich die Sprache! Es könnte keinen ungewöhnlicheren Ort für einen derart trendigen und schicken Store geben wie im historischen Arezzo.

145. IL BORRO

HOTEL • Località Borro 1
Loro Ciuffenna • ilborro.com
+39 055 977 053

Dieses luxuriöse Fünf-Sterne-Hotel ist in seiner Art sehr einzigartig: Neben der Villa und den weiten landwirtschaftlich genutzten Flächen gehört auch ein ehemaliges Dorf zu Il Borro, welches die Inhaber liebevoll, mit viel Mühe und unter Wahrung der Originalität in Hotelzimmer umgebaut haben. Il Borro verbindet somit den luxuriösen Comfort von Pool, Spa und modernem Design mit authentischer ökologischer Landwirtschaft und der Seele eines mittelalterlichen Dorfes.

146. RELAIS LA TORRE

HOTEL • Località Chiassa Superiore
Arezzo • relaislatorre.it
+39 0 575 361 005

Das traumhaft schöne Anwesen liegt inmitten der weitläufigen Weinberge, Wälder und Olivenhaine, die ebenfalls zum Haus gehören. Bei diesem Relais handelt es sich ursprünglich um eine Verteidigungsanalage aus dem 12. Jahrhundert, welche durch die Inhaber Marcello und Giovanni seit den 1970er-Jahren aufwendig und liebevoll renoviert wurde und nun zehn Suiten auf dem Anwesen bietet. Die Zimmer sind im originalen Stil des Hauses geblieben: markante Dachbalken, Naturstein und antike Möbel. Ob als Übernachtungsgast, zur Weinverkostung im eindrucksvollen Weinkeller oder als Gast im Restaurant, in dem all die eigens hergestellten Bio-Lebensmittel vorzügliche Verwendung finden – ein Ort für schöne Erlebnisse.

147. FATTORIA LA VIALLA

AGRITURISMO & WEINGUT • *Castiglion Fibocchi • Via di Meliciano 26*
lavialla.com • +39 0 575 477 720

Es gibt diese besonderen Orte mit Seele, Herzlichkeit und Passion – Orte, an denen wir uns direkt in unserer Mitte fühlen, an denen wir ganz und gar sein können, uns erholen, Neues entdecken und Freunde finden. Die Fattoria La Vialla ist für uns ein solcher Ort. Es ist ein erholsamer und persönlicher Rückzugsort für das sonst so selten gewordene echte Toskana-Erlebnis. Doch ebenso ist die Fattoria zum fünften Mal bester internationaler Bio-Weinerzeuger und gleichzeitig der größte Landwirtschaftsbetrieb Europas, der sich zur Einhaltung der neuen demeter-Standards zum biodynamischen Anbau bekennt. Der Betrieb mit seinen über 150 Mitarbeitern wird von den drei herzlich sympathischen Lo-Franco-Brüdern geführt, die wir ebenfalls als Soulmates mit Interview vorstellen. Gianni, Antonio und Bandino sind auf dem Hof aufgewachsen und führen eine Familientradition in die Zukunft.

Wir sind in einem der vielen authentischen toskanischen Bauernhäuser untergebracht, es duftet nach Trauben – im Haus befindet sich ein Weinkeller. Das Apartment hat eine Küche, in der man all die tollen Produkte der Fattoria selbst zubereiten kann: Pasta aus eigenem angebautem Getreide, die hausgemachte Tomatensugo, Oliven, eingelegtes Gemüse, sagenhafte Cantucci, Olivenöl, herrliche Salami, köstlichen Schafskäse und natürlich ausgezeichneten Naturwein in den tollsten Varianten. Unser Liebling war dabei der Casal Duro 2015 und ein fantastischer unfiltrierter Weißwein.

Die Fattoria La Vialla ist wahrlich ein einzigartiger Ort, der trotz oder gerade wegen der Größe ein sehr authentisches und intimes Toskana-Erlebnis ermöglicht. Der Abend, an dem wir im hauseigenen Restaurant unter einem Feigenbaum vorzüglich diniert, neue Freundschaften geknüpft und viel über die Geschichte des Hauses und die Menschen, die das Haus mit Leben füllen, erfahren haben, bleibt uns unvergessen. Wir wünschen dir als Leser eine ebenso wunderbare Zeit an diesem Ort. Und falls die nächste Toskana-Reise noch auf sich warten lässt, dann kannst du dir die leckeren Erzeugnisse der Fattoria einfach nach Hause schicken lassen.

ABENTEUER FÜR GROSS UND KLEIN:

147. Fattoria La Vialla

Via di Meliciano 26

130

1988
bottiglia 159

„Die Fattoria La Vialla ist ein magischer Ort, mit Liebe geführt.“

– Nectar & Pulse

Die Zeit verlängert sich für alle,
die sie zu nutzen verstehen.

– Leonardo da Vinci

ALLE 148.

148. PODERE DI POMAIO

AGRITURISMO • Località Pomaio 19 Arezzo • pomaio.it • +39 3 334 324 707

Allein der Weg zu unserem Local Soulmate Marco und seinem Bruder, die das Modere di Pomaio gemeinsam führen, lohnt sich.
Er führt auf einen Hügel mit wunderbarer Aussicht auf Arezzo. Dort angekommen, wird man inmitten von Weinbergen und schöner Natur freundlich begrüßt. Das kleine Weingut mit ausschließlich Bioweinen ist geschmackvoll restauriert. Marco erzählt voller Leidenschaft von der Kunst der Bioweinherstellung und seiner Liebe zur Toskana. Die Weinverkostung ist ein leckeres Ereignis und wer mag, kann in einer der wunderschönen Villen mit Pool übernachten.

149. AGRITURISMO ORNINA – CASA GIANNINO

AGRITURISMO • Strada per Ornina 121 Arezzo • ornina.it • +39 055 632 070

Wunderbar idyllisch gelegen ist dieser Geheimtipp unseres Soulmates Marco, der diese Farm für Weinverkostungen empfiehlt. Die Weinkellerei wird in der Familie des Hofes seit zehn Generationen betrieben.

150. CASENTINO TAL – LA VERNA

AUSFLUG

Das wunderschöne Casentino-Tal gehört zu den Lieblingsausflugsorten von unserem Local Marco, wenn er in die Natur zum Wandern geht. Eine besondere Sehenswürdigkeit ist neben dem Ort Poppi auch das imposante und geschichtsträchtige Franziskanerkloster La Verna. Von hier können verschiedene Wanderungen unternommen werden.

151. POPPI

AUSFLUG

Von Arezzo aus ist der kleine Ort Poppi ein schöner Tagesausflug. Neben der Altstadt ist die mächtige Burg aus dem 12. Jahrhundert das Highlight des Ortes. Vor der Burg befindet sich ein Denkmal zu Ehren des berühmten italienischen Dichters Dante, der hier beim Grafen während seines Exils zu Besuch war und auch einen Teil seiner bekannten „Göttlichen Komödie“ hier geschrieben haben soll. Auf dem Rückweg sei noch eine Weinverkostung im Agriturismo Ornina – Casa Giannino – empfohlen.

6.2 Cortona

Das malerische Bergdorf Cortona eignet sich hervorragend als Tagesausflug von Arezzo und ist eine ganz dringende Empfehlung für eine „Glückliche Reise“. Wer über die Landstraßen hierherfährt, erlebt eine entzückende Szenerie, für die sich allein der Weg schon lohnt. Cortona selbst wurde vermutlich von den Etruskern im 7. Jahrhundert v. Chr. gegründet und blickt somit auf eine unvergleichlich alte Geschichte zurück. Heute hat die Kleinstadt etwa 20.000 Einwohner und besitzt eine herzlich idyllische Altstadt, in der man den authentisch toskanischen Lebensstil an jeder Ecke spüren kann. Viele unserer Soulmates empfehlen Cortona als einen der schönsten Orte, den es in der Toskana zu erleben gilt.

ALLE 155.

152. BASILICA DI SANTA MARGHERITA

KULTUR • *Piazzale Santa Margherita 1*
santamargheritadacortona.com

Nachdem wir uns ein bisschen die Füße in der Innenstadt vertreten haben, geht es immer steil bergauf zur Basilika aus dem Jahr 1288, die kürzlich erst renoviert wurde. Hier lässt sich eine kleine Pause machen, um dann weiter zur Burg zu wandern.

153. FORTEZZA DEL GIRIFALCO

KULTUR • *Via di Fortezza* • *fortezzadel girifalco.it* • *+39 05 751 645 507*

Noch ein paar Schritte weiter, dann erreichen wir die Burg, von der man einen atemberaubend schönen Ausblick auf die Toskana und Umbrien hat. Man sollte sich bei dieser Gelegenheit auch ein Ticket kaufen und die Burg besichtigen, die hier erstmals 1258 Erwähnung fand und unter Cosimo I. de Medici zur Festung ausgebaut wurde.

154. OSTERIA DEL TEATRO

RESTAURANT • *Via Giuseppe Maffei 2*
osteria-del-teatro.it • *+39 0 575 630 556*

Wieder unten in Cortona angekommen haben wir uns ein exzellentes Mahl verdient. Dazu geht es in die Osteria del Teatro, wo wir den perfekten Ausflug mit einem Glas Wein feiern. Dazu empfiehlt uns Céline nicht weniger als einen „Syrah di Cortona", der regionale Star unter den hiesigen Weinen. Dieses Restaurant ist eine herzliche Empfehlung unserer Soulmate-Brüder Lo Franco.

155. CRETA OSTERIA

RESTAURANT • *Località Manzano 15*
cretaosteria.it • *+39 0 575 618 636*

Etwas außerhalb von Cortona hat Marco Rossi für uns einen absolut grandiosen Geheimtipp entdeckt: Die Osteria Creta ist ein ausgezeichneter Ort für Naturweine, Vintageweine und stilvolles Fine Dining bei Küchenchef Luigi Nastri, der in seinem vorigen Restaurant in Rom einen Michelin-Stern für seine kreative Küche mit japanischen Einflüssen erhalten hat.

7. Val d'Orcia

Malerische Landschaften, typisch toskanische Szenerien, goldenes Licht, natürliche Thermen im Wald, charmante Dörfer, Brunello, Blumenwiesen, pittoreske Zypressenwälder, herzliche Weingüter, persönliche Agriturismos, Weltkulturerbe.

Interessante Orte:
Pienza, Monticchiello, Montalcino, Bagni Petriolo und San Filippo, Lucignano d'Asso

Sortierung der Spots entlang der dargestellten Route

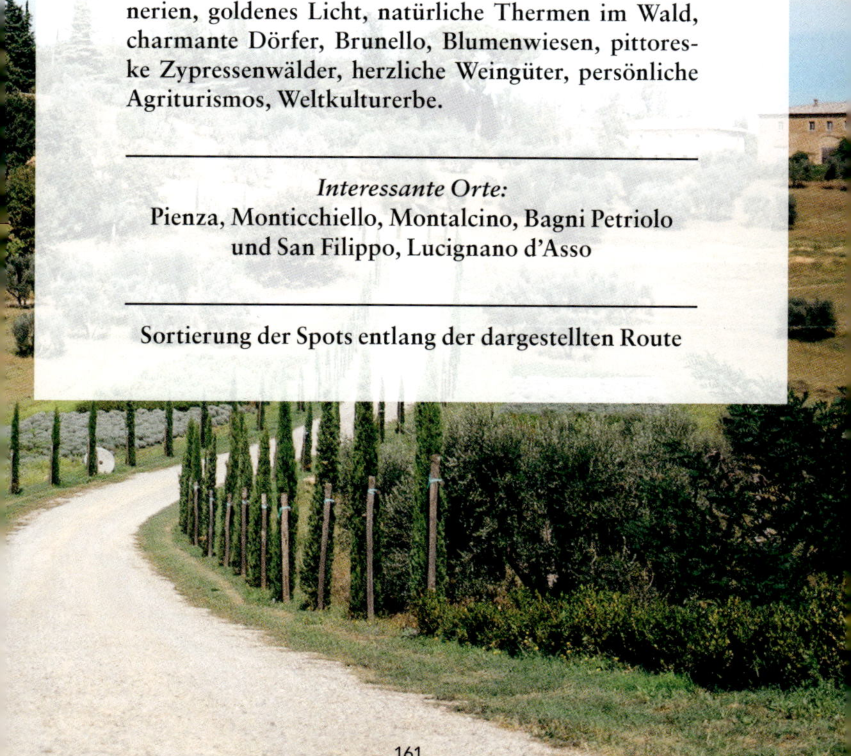

156. FOLLONICO

HOTEL • Montefollonico
Località Casale 2 • follonico.com
+39 0 577 669 773

Fabio und Suzanne sind die beiden wunderbaren Gastgeber des Follonico. Die beiden sind seit 21 Jahren verheiratet und haben sich 2006 mit ihrem eigenen Hotel einen Traum erfüllt. Drei Jahre hat die Renovierung des alten Hauses gedauert, bis sie es mit viel Mühe, Liebe und Kreativität zu diesem charmanten Refugium mit sechs Zimmern verwandelt haben, in dem die Zeit scheinbar stillsteht. Die Zimmer sind in erdigen Tönen gehalten, die verwendeten Materialien, zum Beispiel Lehm und Naturstein, sind dabei typisch toskanisch. Das ganze Anwesen vom Pool über den Garten bis zur großen Küche, in der das sensationelle Frühstück gereicht wird, ist in einem gekonnten Bohemian-Chic gehalten. Hinzu kommt die tolle Umgebung: Cortona und Montepulciano sind nebenan und Siena liegt nur eine Autostunde entfernt. An einem Abend sollte man auf jeden Fall die großartige Creta Osteria besuchen.

157. PUSCINA FLOWERS

AKTIVITÄT • Montefollonico • SP146
puscinaflowers.com

Dieser wunderbar farbenfrohe Blumengarten ist unbedingt einen Abstecher wert, wenn man in der Nähe ist.

158. RISTORANTE DARIA

RESTAURANT • Monticchiello
Via S. Luigi 3 • ristorantedaria.it
+39 0 578 755 170

Wir besuchen das Restaurant noch unter seinem alten Namen „La Porta“. Mittlerweile haben die Inhaber jedoch eine neue Lokalität bezogen und diesem fabelhaften Etablissement den Namen Ristorante Daria gegeben. Die Inhaberin ist eine Stilikone, die mit scharfen Worten und herzlichen Gesten ihr erstklassiges Restaurant im Griff hat. Eine ganz dringende Empfehlung für alle Genussmenschen! Serviert wird klassische, toskanische Küche, jedoch mit vielen unbekannten lokalen Gerichten.

159. FARMHOUSE TERRE DI NANO

AGRITURISMO • Monticchiello
Villa Nano • terredinano.com
+39 0 578 755 263

Die charmante Landhaus-Villa liegt prominent auf einem Hügel mit Blick auf Montepulciano. Sie ist umgeben von einem 50 Hektar großen Anwesen mit Olivenhainen und Weinreben, die in eigener Produktion verarbeitet werden. Es werden sowohl Zimmer für zwei Personen als auch Apartments und ganze Häuser für acht Personen angeboten. Die Einrichtung ist passend zum Haus mit vielen originalen Antikstücken versehen. Das Frühstück wird auf der sonnigen Terrasse serviert und wer im Pool liegt, hat einen erhabenen Blick über Val d’Orcia.

160. PANORAMAWEG

AKTIVITÄT • Pienza • Via S. Caterina

Hinter dem Spielplatz beginnt der traumhafte Panoramaweg, auf dem man einen weiten Blick über die malerische Ebene hat und auch tolle Sonnenuntergänge beobachten kann.

161. PIAZZA PIO II

KULTUR • Pienza • Piazza Pio II
pienza.org

Die Piazza Pio II ist das Zentrum des kleinen historischen Ortes Pienza und nach dem Papst selbigen Namens (Papst Pius II. von 1458–1464) benannt. Pius II. trug den bürgerlichen Namen Aeneas Silvius Piccolomini und entstammte aus einer Familie, die aus Siena verbannt wurde, sich darauf im hiesigen Ort niederließ und einige Teile von Pienza kaufte. Während seiner Zeit als Papst ließ er den gesamten Ort in den eigentlichen Namen Corsignano umbenennen und unter dem Architekten Bernardo Rossellino nach seinen Idealvorstellungen umgestalten. In diesem Zuge wurde auch der Dom Santa Maria Assunta 1462 fertiggestellt.

162. PIEVE DI CORSIGNANO

KULTUR • Pienza
Piazza Dante Alighieri 29

In dieser kleinen und schlichten Kirche aus dem 7. Jahrhundert soll Papst Pius II. getauft worden sein. Der Name der Kirche weist noch auf den ursprünglichen Stadtnamen von Pienza hin – Corsignano. Ein kurzer Spaziergang führt von Pienza hierher.

163. LA TAVERNA DI RE ARTÙ

RESTAURANT • Pienza • Via della Rosa 4
facebook.com/LaTavernaDiReArtu
+39 333 333 333

Diese kleine versteckte Weinbar ist ein fabelhafter Ort für einen Snack am Nachmittag oder einen Aperitivo.

164. RISTORANTE PODERE IL CASALE

RESTAURANT • Pienza • Via Podere Il Casale 64 • podereilcasale.com
+39 0 578 755 109

Die tolle Terrasse mit Panoramablick ist der ideale Ort zum Mittagessen. Gekocht werden Gerichte mit einer Vielzahl von eigens angebauten Produkten. Der Pecorino-Käse dieses Agriturismos wurde mehrfach ausgezeichnet und wird im Hofladen verkauft.

165. SETTE DI VINO

WEINBAR • Pienza • Piazza di Spagna 1
+39 0 578 749 092

Tolles uriges Restaurant! Die Tische mit rot-weiß karierter Tischdecke stehen in einem romantischen Innenhof. Serviert werden lokale toskanische Gerichte. Einfach, aber köstlich!

166. BUON GUSTO GELATERIA

EISDIELE • Pienza • Via Case Nuove 26
facebook.com/BuonGustoGelateria Pienza • +39 3 357 049 165

Der Inhaber ist immer für einen Witz zu haben. Mit viel Spaß und Können wird in der kleinen versteckten Gelateria das beste Eis in Pienza verkauft.

167. BAR IL CASELLO

CAFÉ • Pienza • Via del Casello 3
+39 0 578 749 105

Der perfekte Ort in Pienza, um an der Stadtmauer bei Sonnenuntergang einen Aperitivo zu trinken.

168. OFFICINE 904

SHOP • Pienza • Via Dogali 16
officine904.it • +39 05 781 900 817

Junges und moderne Taschen-Label aus Pienza! Ganz im Kontrast dazu stehen die umgebenden traditionellen Läden für Pecorino und andere lokale Delikatessen.

169. IL CACIO DI ERNELLO

SHOP • Pienza • Via Mangiavacchi 37
degustazioni.net • +39 0 577 665 321

Die besten Spots sind manchmal abseits der üblichen Pfade. Unsere Soulmate Giulia hat uns diesen superguten Pecorino-Laden empfohlen, der kurz außerhalb der Altstadt liegt.

170. LA BANDITA TOWNHOUSE

HOTEL • Pienza • Corso il Rossellino 111
la-bandita.com • +39 3 334 046 704

Das schicke, coole Boutiquehotel La Bandita wurde von unserem Soulmate John aufgebaut und hat zwölf Zimmer im Herzen der pittoresken Stadt Pienza. John kommt ursprünglich aus New York und arbeitete in der Musikbranche. Das merkt man dem Stil des Hauses an, der sich mit dem toskanischen Flair zu einem ganz eigenen Charme verbindet. Das Gebäude stammt noch aus dem 15. Jahrhundert und diente als Unterkunft für Nonnen. Das Restaurant ist auch für Gäste sehr zu empfehlen, die nicht im Hotel übernachten. Hier werden klassische Gerichte modern interpretiert. In der offenen Küche kann dieses Können bewundert werden. Der Hinterhof dieses Hotels bietet sich hervorragend zum Genießen der mondänen Atmosphäre an.

171. BAGNI SAN FILIPPO

AKTIVITÄT • Bagni San Filippo • Via delle Terme • bagnisanfilippoterme.it

Der kleine Thermalort birgt ein idyllisches Naturschauspiel: den Fosso Bianco. Mineralhaltiges, warmes Wasser fließt den weißen Sinterfelsen hinab und bildet verschiedene kleine milchig grüne Becken. Wer etwas klettert, kann hier ganz natürlich baden und eine Naturdusche wagen. Der Ort ist sehr beliebt, aber vormittags unter der Woche findet man auch hier etwas Ruhe.

172. MONTEVERDI TUSCANY

HOTEL • Castiglioncello del Trinoro Via di Mezzo • monteverdituscany.com +39 0 578 268 146

Das super-luxuriöse und gleichzeitig authentisch toskanische Monteverdi Boutique Hotel lässt keine Wünsche offen und ist der perfekte Ort für eine besondere Reise. Neben den Suiten können auch ganze Villen in diesem historischen Dorf gebucht werden. Die Preise sind entsprechend luxuriös.

173. AGRITURISMO IL RIGO

AGRITURISMO • San Quirico d'Orcia agriturismoilrigo.com • +39 0 577 897 291

Ein sehr familiäres Agriturismo zum Zuhause-Fühlen. Die Zimmer sind ein toller Mix aus Antikmöbeln und renoviertem Altbau mit Naturstein, altem Dachgebälk und rotem Fliesenfußboden. Die Fassade ist mit Efeu bewachsen und Lichterketten geschmückt. Aus jedem Fenster hat man Ausblick auf die malerische Landschaft und jeden Abend wird mit saisonalen lokalen Zutaten beste toskanische Küche serviert. Ein toskanischer Traum, den man früh reservieren muss!

174. CIPRESSI DI SAN QUIRICO D'ORCIA

AKTIVITÄT • San Quirico d'Orcia

Es gibt kaum ein bekannteres Fotomotiv als das Zypressenwäldchen in San Quirico. Um dort hinzugelangen muss man von der Landstraße einen ganz schönen Umweg über eine Schotterpiste fahren. Doch der Anblick ist auf eine ganz eigene Weise rührend. Das Wäldchen ist Symbol für die einzigartige toskanische Landschaft, die doch so viele romantische Maler inspiriert hat.

175. LUCIGNANO D'ASSO

AUSFLUG • Lucignano D'Asso

Ein absoluter Geheimtipp von Fabio, dem Inhaber des charmanten B & B Follonico. Der Ort besteht nur aus wenigen Häusern und einem kleinen Laden, in dem eine alte italienische Dame Sandwiches und allerlei anderes verkauft. Der Ort ist ein ganz eigenes Erlebnis.

176. LOCANDA DEMETRA

RESTAURANT • Montalcino • Podere La Buca 221 • montalcinocookingschool.com • +39 3 519 860 527

In diesem kleinen Restaurant einer italienischen Großfamilie kann man zur Mittagszeit vorzüglich die selbst angebauten Produkte auf klassisch toskanische Zubereitungsart kosten. Wer auf den Geschmack kommt, kann hier auch ausgezeichnete Kochkurse machen. Die Kurse beginnen um zehn Uhr und dauern drei Stunden. Sonntag und abends ist das Restaurant geschlossen.

TOSKANISCHER TRAUM:

174. Cipressi di San Quirico d'Orcia

in D'orcia

„Beim Tanzen tut der Fuß nicht weh. Ballando non duole il piede.“

– *aus Italien*

OFFICINE904

PECORINO
SEMI FRESCO
€ 14,80 al Kg
PECORINO
STAGIONATO
SOTTO CENERE
€ 16,50 al Kg
169.

BuonGusto
166.

NEW YORKER COOLNESS IM HERZEN DER TOSKANA:

170. La Bandita Townhouse & Countryhouse

Pienza

177. DROGHERIA E LOCANDA FRANCI

HOTEL • Montalcino • Piazzale Fortezza 6 locandafranci.com • +39 0 577 848 191

Sehr zentral in Montalcino gelegen, bietet die Locanda Franci drei sehr exklusive Zimmer, die den authentischen toskanischen Stil mit modernem Schick zu einem gemütlichen Ganzen verbinden. Die passionierten Inhaber besitzen zudem eine Weinbar und ein ausgezeichnetes Restaurant mit großer Auswahl an verschiedensten Brunello-Weinen. Eine perfekte Unterkunft, um Montalcino zu entdecken.

178. MONTALCINO 564

SHOP • Montalcino
Piazza del Popolo 36 • montalcino564.it
+39 3 475 412 853

Mitten in Montalcino gibt es diesen Laden mit allerlei Schönem und Kuriosem. Hier findest du auf jeden Fall tolle originale Geschenke für dich oder Freunde zu Hause.

179. TENUTA LE POTAZZINE

WEINGUT • Montalcino
Località Le Prata 262 • lepotazzine.it
+39 0 577 846 168

Zum Weingut gehört auch ein Hofladen, in dem die Weine des Hauses gekostet werden können. In Montalcino betreiben die Inhaber zudem noch das ebenfalls zu empfehlende Restaurant Vineria Le Potazzine mit einer großen Auswahl an offenen Rotweinen.

180. PODERE LE RIPI

WEINGUT • Montalcino • Località Le Ripi • podereleripi.it • +39 0 577 835 641

Ein Lieblingstipp unseres Soulmates John ist das Weingut Podere Le Ripi. Er empfiehlt ganz besonders die Weinverkostungen und die Tour durch das Weingut, die hier angeboten werden und vorab gebucht werden müssen. Francesco Illy ist der passionierte Inhaber, der seit 1984 das Weingut führt und besonderen Wert auf den Weinkeller gelegt hat.

181. FARM VAL DI FARMA

RESTAURANT • Civitella Paganico
Podere S. Antonio 11
agriturismovaldifarma.it
+39 0 564 908 900

Das urige Agristurismo liegt versteckt inmitten von Natur und ist ein toller Ort für ein klassisch italienisches Mittagessen in einem toskanischen Ambiente, wie es authentischer kaum werden kann: Ohne danach zu fragen, kommt erst mal eine große Karaffe Rotwein auf den Tisch, noch bevor wir die Speisekarte aufgeschlagen haben. Die Hunde bellen, die Kinder toben, die Oma kocht und die Tochter kellnert.

182. PARI (GROSSETO)

AKTIVITÄT • Pari • Vicolo di Sopra

Es gibt so viele dieser kleinen hübschen Ortschaften, in denen man das schöne einfache Leben spüren kann. Die Wäsche hängt zum Trocknen an der Hauswand, eine Katze liegt auf der Fensterbank, eine alte Dame fegt den Eingang und ihr Mann trocknet Pilze. Hier in Pari wird man Zeuge dieser Szenen und hat vom höchsten Punkt des Ortes auch noch einen herrlichen Ausblick.

183. CASTELLO DI VICARELLO

HOTEL • Poggi del Sasso • Via Vicarello 1
castellodivicarello.com
+39 0 564 990 718

Das Castello Di Vicarello ist ein wunderschön gelegenes und luxuriöses Vier-Sterne-Hotel, das ein Rundum-glücklich-Paket für einen besonderen Anlass bietet. Es liegt umgeben von Weinbergen und Olivenhainen, der Pool bietet einen erhabenen Ausblick über die Landschaft und die Zimmer sind modern, schick und im toskanischem Stil gestaltet. Außerdem werden verschiedenste Aktivitäten geboten: von Trüffelsuche, über Mountainbiking, bis hin zu Kochkursen und natürlich Weinverkostungen.

184. TERME PETRIOLO

AKTIVITÄT • Monticiano
Strada Provinciale di Petriolo
termepetriolo.it • +39 3 349 166 041

Das natürliche Bad in Petriolo war für uns persönlich das tollste Badeerlebnis in der Toskana! Hier gibt es neben dem Schwimmbad zwei weitere natürliche Badestellen. Die bekanntere liegt direkt an der Brücke, an der auch einige Camper parken. Zudem gibt es weiter nördlich des Schwimmbades eine weitaus schönere Stelle zum Baden direkt im Wald. Dazu muss man den steilen Hang hinunter klettern, bevor man die verschiedenen kleinen Becken findet. Auch am Abend ein tolles Erlebnis. Mit Kindern ist allerdings der Komfort des Schwimmbads sehr angenehm.

185. IL BACIARINO

HOTEL • Vetulonia • Via della Fonte
baciarino.com • +39 3 479 344 943

Ein Ort mit Seele! Andrea stammt aus einer Fischerfamilie und versorgt seine Gäste zum Dinner mit den frischesten Meeresfrüchten. Celia ist die zweite Gastgeberin des Hauses und haucht dem Hotel die Seele ein. Die Zimmer sind einfach eingerichtet, jedoch mit teils atemberaubendem Blick, eigenem Pool und toller Sonnenterrasse. Das Hotel befindet sich an der Grenze zur Maremma in unmittelbarer Nähe zur Küste und ist doch nur einer Autostunde von Siena oder Montepulciano entfernt.

183.

183.

183.

183.

GENUSS PUR:

183. Castello di Vicarello

Via Vicarello 1 • Poggi del Sasso

183.

EIN ORT MIT SEELE:

185. Il Baciarino

Via della Fonte • Vetulonia

185.

185.

185.

183.

183.

BADEVERGNÜGEN:

Heiße Naturquelle und gleich daneben
184. Terme Petriolo

Strada Provinciale di Petriolo • Monticiano

EIN BESUCH WERT:

Das Weingut Monteverro

Strada Aurelia capalbio, 11, 58011 Capalbio

8. Maremma

Unberührte Natur, das schönste natürliche Thermalbad Europas, Sandstrände und versteckte Badestellen, Wanderparadies, Segelausflüge, eindrucksvolle Spuren der etruskischen Hochkultur von vor über 2.000 Jahren, ...

Interessante Orte:
Orbetello mit Monte Argentario,
Castiglione della Pescaia, Capalbio, Pitigliano,
Saturnia, Sorano, Maremma Nationalpark

186. CASTIGLIONE DELLA PESCAIA

AUSFLUG • Castiglione della Pescaia
Corso della Libertà 45

Wir haben uns bewusst dazu entschieden, die toskanische Mittelmeerküste nur im hohen Norden bei Lucca und in der wilden Maremma zu empfehlen. Wir lieben Strände ohne Reihen von Schirmen und Liegestühlen, an denen noch ein Stück Freiheit zu finden ist. Die Maremma eignet sich dafür hervorragend, da sie noch vergleichsweise wenig touristisch erschlossen ist. Die Nachbarorte Castiglione della Pescaia und Roccamare sind die Empfehlungen unserer Soulmates Giulia und der Lo-Franco-Brüder, die hier jährlich ihren Urlaub verbringen und Strand, Sonne und La Bella Vita genießen. An dieser Stelle sei unbedingt ein Eis in der grandiosen Gelateria Cremeria Corradini empfohlen. Im benachbarten Naturreservat Diaccia Botrona können im Sommer Flamingos beobachtet werden. Auch Bootstouren in die Lagune werden von Castiglione della Pescaia angeboten. Dafür sind ein Fernglas oder Teleobjektiv von Vorteil.

187. MAREMMA NATIONALPARK

AKTIVITÄT • Alberese
Via Bersagliere 7/9 • parco-maremma.it
+39 0 564 393 238

Die hier wild lebenden Rinderherden werden von den traditionellen berittenen Cowboys der Maremma, den Butteri, betreut. Der 9.000 Hektar große Nationalpark ist berühmt für seine langen (Sand-) Strände, an denen man noch Stille und Abgeschiedenheit erleben kann. Der Park kann am besten mit dem Fahrrad, beim Wandern oder mit dem Kanu erkundet werden. Für Familien gibt es gesondert ausgeschilderte Wanderwege. Es ist kaum zu glauben, dass es in der sonst so touristisch belebten Toskana einen derart unberührten Flecken Natur gibt. Nach einem Ausflug in den Nationalpark geht es zum Lunch oder Dinner in das urige und traumhaft gelegene Ristorante La Locanda di Torquato.

188. CASA IRIS

HOTEL • Orbetello • Corso Italia 3
casairisorbetello.com

Wir fahren die Küste weiter in Richtung Süden und gelangen an die Halbinsel Monte Argentario zum entzückenden Boutique-B & B Casa Iris, das hier den perfekten Ausgangspunkt darstellt, um die Maremma zu erkunden.

Wegen Orten wie der Casa Iris lieben wir unseren Beruf. Es ist uns eine große Freude, diesen charmanten, persönlichen und einzigartig stilvollen Ort des sympathischen Ehepaars Matthew Adam & James Valeri empfehlen zu können. Die beiden haben zuvor in New York gelebt und sich hier, in Orbetello, wo James' Familie väterlicherseits ihre Wurzeln hat, nun ihren Traum von einer neuen Lebensweise erfüllt. Das B & B zeichnet sich durch ein modern authentisches Design mit großem Hang zur Romantik aus: goldene Badezimmer, Möbel im Bohemian-Schick, kombiniert mit kunstvollen Wand- und Deckengemälden. Das Frühstück ist eine kleine Sensation. Wir wünschen eine glückliche Zeit an diesem wunderbaren Ort.

189. I PESCATORI

RESTAURANT • *Orbetello* • *Via Giacomo Leopardi 9* • *ipescatoriorbetello.it*

Unmittelbar neben der Casa Iris und direkt am Wasser liegt dieses hervorragende Fischrestaurant. Zugegeben, die Atmosphäre und der Service sind nicht besonders liebevoll, der Ausblick und die Küche sind jedoch absolut erlebenswert! Denn frischer kann der Fisch, der von der benachbarten Fischereigenossenschaft gefangen wird, kaum sein. Zudem lassen sich herrliche Sonnenuntergänge beobachten.

190. MONTE ARGENTARIO

AKTIVITÄT • *Orbetello*

Wer in der traumhaften Casa Iris übernachtet, der kann sich hier die besten Tipps für die Erkundung der Halbinsel mit dem 635 Meter hohen Monte Argentario geben lassen. Die Halbinsel verfügt über traumhafte Strände und Badestellen, die man bei einer Autofahrt entlang der Strada di Panoramico mit permanentem Blick aufs offene Meer entdecken kann. Eine vollständige Umrundung ist leider (noch) nicht möglich. Viel besser ist es jedoch, die Insel zu Fuß zu erkunden. Bei einer Wanderung zum Torre di Capo d'Uomo beispielsweise kann man atemberaubende Sonnenuntergänge erleben. Die Strecke ist sehr gut beschildert. Mehr Infos zu Wanderungen auf der Insel gibt es auch bei der Gruppo Argentario Trekking auf trekkingargentario.it durch Anfrage per Mail. Die Gruppe bietet auch geführte Touren an.

191. CAPALBIO

AUSFLUG

Die kleine romantische Altstadt von Capalbio eignet sich hervorragend für einen Besuch und Spaziergang auf der Stadtmauer, von der man herrliche Sonnenuntergänge bestaunen kann. Nur wenige Autominuten weiter liegt der inspirierende Skulpturengarten Il Giardino dei Tarocchi, der durch das französisch-amerikanische Künstler-Paar Niki de Saint Phalle und ihrem Mann Jean Tinguely entworfen und 1998 fertiggestellt wurde. Der Garten ist nur in den Sommermonaten geöffnet.

Auch ein Besuch in dem schönen Weingut Monteverro ist bei der Gelegenheit zu empfehlen.

ZAUBERHAFT:

188. Casa Iris

Corso Italia 3

192. CASCATE DEL MULINO (SATURNIA)

AKTIVITÄT • *Saturnia*
Via della Follonata

Das Baden in den natürlichen, etwa 37 °C warmen und schwefelhaltigen Wasserbecken in Saturnia gehört zu den schönsten Erlebnissen in der Maremma und vielleicht sogar in ganz Italien. Und diese Erfahrung ist sogar kostenfrei. Viele kommen gar nur der heißen Quelle wegen in dieses Gebiet der Toskana. Tatsächlich ist es wie ein genussvoller Spielplatz für Erwachsene, der entsprechend gut besucht ist. Unter den vielen Thermalquellen machen die hiesigen stufenförmig angeordneten Becken den Ort zu etwas ganz Besonderem. Wer eine warme Quelle mit mehr Intimität wünscht, der geht zur Dämmerung zum Bagni di Petriolo (nicht an der Brücke, sondern ca. 300 Meter weiter nördlich).

193. PITIGLIANO

AUSFLUG

Die mystische Stadt Pitigliano fand erstmals im Jahre 1061 Erwähnung, jedoch lässt sich hier sogar noch die wesentlich ältere etruskische Kultur von vor mehr als 2.500 Jahren eindrucksvoll erleben. Der Boden der Region wurde durch vulkanische Aktivität geprägt und besteht aus sogenanntem Tuffstein, der zum einen für den Bau der Häuser verwendet wurde (teilweise sind die Häuser in den Tuffstein hineingegraben). Zum anderen benutzten die Etrusker das Gestein, um ihre Wege und Gräben anzulegen. Diese Gräben sind teilweise bis zu 20 Meter tief. Die Architektur und die malerische Lage machen den Besuch von Pitigliano zu einem atemberaubenden Erlebnis.

194. SORANO

AUSFLUG

Sorano ist deutlich kleiner als Pitigliano – in seiner Art aber ähnlich. Das Dorf wirkt wie ein einzigartiges Museum, in dem der Spaziergang zu einem unvergesslichen Erlebnis wird. Das Herz des Ortes ist die Piazza del Pretorio mit dem sehenswerten Palazzo dell'Archivio. Wer nach etwa zwei Stunden den ganzen Ort erkundet hat, dem empfehlen wir noch einen Besuch bei den berühmten Tuffsteingräbern Tomba Ildebranda im archäologischen Park Necropoli Etrusca.

195. CASEIFICIO IL FIORINO

SHOP • Roccalbegna • Località Paiolaio caseificioilfiorino.it

Mitten im Nirgendwo gibt es den besten Pecorino Italiens! Neben einem kleinen Laden für Verkostung und Verkauf befindet sich obendrein die Produktion des Familienunternehmens.

196. LA LOCANDA DI TORQUATO

RESTAURANT • Montorgiali Via del Corso 10

Die Produkte für die typisch toskanische Küche kommen vollständig von Bauernhöfen aus der Umgebung: Eier, Hühnchen, Kaninchen und allerlei Gemüse. Die Pasta ist hausgemacht und das Ambiente ist rustikal und familiär. Von der Terrasse gibt es herrliche Sonnenuntergänge zu erleben.

197. ISOLA DEL GIANNUTRI

AKTIVITÄT • Giannutri • giannutri.info

Die kleine Insel vor Orbetello ist ein toller Tagesausflug mit wunderbaren Badestellen und abgeschiedener Natur. Ausgehend von Porto Santo Stefano führen Fährverbindungen auf die Insel. Die Fahrt dauert etwa eine Stunde. Auf der Insel befinden sich historische Stätten, die unter besonderem Schutz stehen und nur in Begleitung eines Parkführers besucht werden dürfen. Diese sind vorab auf der Webseite des Parks zu buchen und kosten acht Euro pro Person.

198. ISOLA DEL GIGLIO

AUSFLUG • Giglio • giglioinfo.it

Wie auch zur kleinen Schwester Giannutri dauert die Fährfahrt hierher etwa eine Stunde. Auf Giglio gibt es allerdings, auch wegen der größeren Fläche, mehr zu erkunden. Außerdem geht es hier gemeinhin etwas lebendiger zu. Rund um den Hafen befinden sich viele Sandstrände wie beispielsweise der in der Cala delle Cannelle. Dieser kann allerdings im Hochsommer, ganz wie in Italien oft üblich, ziemlich voll werden. Unser Tipp: alternativ besser auf die kleinere Schwesterinsel Giannutri fahren.

„Der Schöpfer hat Italien nach Entwürfen von Michelangelo gemacht.“

– Marc Twain

DANKE,

für's Kaufen, Lesen, Sich-inspirieren-Lassen, Reisen und Entdecken mit diesem Reiseführer. Er wurde mit sehr viel Feldforschung, Liebe und Freude gestaltet.

Seit 2010 haben wir es uns mit NECTAR & PULSE zur Aufgabe gemacht, die schönsten Orte dieser Welt zu finden und mit neugierigen, reiselustigen und gleichgesinnten Menschen zu teilen. Aus dieser jahrelangen Recherche und Liebe zum Reisen ist eine große Schatzkiste aus Restaurants, Cafés, Shops, Hotels, Museen, Galerien, Seen, Bars und inspirierenden Local Soulmates entstanden. All diese Schätze findest du in unseren Guides.

Auf unserer Website kann man sich zusätzlich Tipps von Local Soulmates downloaden und nach und nach produzieren wir mehr Guides gemeinsam mit der Süddeutsche Zeitung Edition. Unter anderem gibt es die Glücklich in … Reihe bereits für Berlin, London, Paris, München, Südschweden, Island und nunmehr auch für die Toskana. Bei Fragen oder Anmerkungen schreib uns gerne.

Eine erfüllte Reise wünschen,

Tanja & Christian

Mehr auf

NECTAR & PULSE – nectarandpulse.com
Süddeutsche Zeitung Edition – SZ-Shop.de

Instagram

@nectarandpulse
@the.rooses

Kontakt

hello@nectarandpulse.com

Das Leben ist eine Reise

Verantwortlich: Claudia Hohdorf
Idee & Redaktion: Tanja Roos und Dr. Christian Roos
Konzept, Recherche, Design: Tanja Roos und Dr. Christian Roos
Layout & Satz: detailverliebt. Ulrike Poppe, Nachauflage: Elke Mader
Lektorat: Christian Kneise
Aktualisierung 2022: Anne Köhler
Karte/Infografik: Julia Kraus, Anne Milachowski
Herstellung: Alexander Knoll
Printed in Slovenia by Florjancic

★★★★★

Sind Sie mit diesem Titel zufrieden? Dann würden wir uns über Ihre Weiterempfehlung freuen.
Erzählen Sie es im Freundeskreis, berichten Sie Ihrem Buchhändler, oder bewerten Sie bei Onlinekauf. Und wenn Sie Kritik, Korrekturen, Aktualisierungen haben, freuen wir uns über Ihre Nachricht an Süddeutsche Zeitung Edition, c/o Bruckmann Verlag GmbH, Postfach 40 02 09, D-80702 München oder per E-Mail an lektorat@verlagshaus.de

Unser komplettes Programm finden Sie unter www.verlagshaus24.de/sz-edition.de

In diesem Buch wird aus Gründen der besseren Lesbarkeit das generische Maskulinum verwendet. Weibliche und anderweitige Geschlechteridentitäten werden dabei ausdrücklich mitgemeint, soweit es für die Aussage erforderlich ist.

Local Soulmates:
Gianni, Antonio & Bandino Lo Franco, Céline Krüger, Matteo Gioli, Gianfranco Pampaloni, Giulia Scarpaleggia, Marco Rossi, John Voigtman

Fotografie:
NECTAR & PULSE – Tanja Roos und Christian Roos
Paolo di Lucente, Andrea Vierucci, Julia Spiess

Die Deutsche Nationalbibliothek verzeichnet diese Publikation in der Deutschen Nationalbibliografie; detaillierte bibliografische Daten sind im Internet über http://dnb.d-nb.de abrufbar.

Die Originalausgabe erschien unter dem Titel „Glücklich in der Toskana“ in der Süddeutschen Zeitung GmbH © Süddeutsche Zeitung GmbH, München für die Süddeutsche Zeitung Edition 2019

ISBN 978-3-7343-2559-5

„Es gibt keinen Weg zum Glück. Glücklichsein ist der Weg."

– Buddha